走进广州好教育丛书·好学校系列

ZOUJIN GUANGZHOU HAOJIAOYU CONGSHU HAOXUEXIAO XILIE

潘健辉◇编著

逐水中流

流溪小学的“博善”教育之路

北京师范大学出版集团
BEIJING NORMAL UNIVERSITY PUBLISHING GROUP
北京师范大学出版社

图书在版编目(CIP)数据

逐水中流：流溪小学的“博善”教育之路/潘健辉编著．—北京：北京师范大学出版社，2021.5

(走进广州好教育丛书．好学校系列)

ISBN 978-7-303-26804-7

Ⅰ．①逐… Ⅱ．①潘… Ⅲ．①小学教育—经验—广州 Ⅳ．①G622.0

中国版本图书馆 CIP 数据核字(2021)第 024294 号

营销中心电话 010-58802135 010-58802786
北师大出版社教师教育分社微信公众号 京师教师教育

出版发行：北京师范大学出版社 www.bnup.com
北京市西城区新街口外大街 12-3 号
邮政编码：100088

印　　刷：北京虎彩文化传播有限公司
经　　销：全国新华书店
开　　本：787 mm×1092 mm 1/16
印　　张：13
字　　数：180 千字
版　　次：2021 年 5 月第 1 版
印　　次：2021 年 5 月第 1 次印刷
定　　价：46.00 元

策划编辑：郭　翔　　责任编辑：孟　浩
美术编辑：焦　丽　　装帧设计：焦　丽
责任校对：康　悦　　责任印制：马　洁

走进广州好教育丛书

丛书编委会

学术指导：顾明远

总 策 划：屈哨兵

总 主 编：吴颖民

编　　委：（按姓氏笔画排序）

丁邦友　王　红　朱华伟　肖建彬　吴　强

吴惟粤　吴颖民　姚继业　唐宏武　漆国生

执行主编：唐宏武　丁邦友

好学校系列编委会

主　　编：丁邦友

副 主 编：卢　捷

编　　委：（按姓氏笔画排序）

王卫东　吴宏超　麻彦坤

总序 / 一

《国家中长期教育改革和发展规划纲要(2010—2020年)》提出:“办好每一所学校,教好每一个学生。”几年来,各地涌现出了一批好学校、好校长、好教师。总结和推广他们的经验,是推动我国教育改革和发展,提高教育质量,促进教育现代化的强大动力。广州市是我国改革开放的前沿,不仅有着深厚的文化积淀,而且在改革开放中敢为天下先,在教育领域积累了许多新经验。广州市教育局在《广州市教育事业发展第十二个五年规划》文件“办好让人民满意的教育”的要求下,决定组织编写“走进广州好教育丛书”,实在是适逢其时。这是对广州市多年来教育改革创新的一次总结,也是对广州市今后教育改革的一次推动。

根据编委会的设计方案,丛书拟从广州市1000多所中小学校、10多万名教师中选出10所“好学校”、10名“好校长”、10名“好教师”列入首批出版计划。他们有的是已有100多年建校历史,积淀了深厚文化内涵,至今仍然在不断创新中继续勃发着育人风采的老学校;有的是办学时间不长,但在全校教职工磨砺创业、共同耕耘下办出水平的新学校。他们有的是办学理念先进、充满活力、管理经验丰富的好校长;有的是师德高尚、业务精湛、热爱学生的好教师。总之,他们热爱教育事业、热爱每一个学生,创造了卓越的成绩,是好学校、好校长、好教师队伍中的典范。

当前，我国教育正处在由数量发展转向质量提高的转折点上。到2020年，我国要基本实现教育现代化。教育现代化的实质就是要培养现代化的人。教育要回到原点，立德树人，培养具有为国家、为人民服务的责任心，具有创新精神和实践能力，并且具有国际视野和国际交往能力的人才。教育大计，教师为本。我们的校长和教师要立足中国，放眼世界，转变教育观念，改变人才培养方式，促进教育现代化的进程。

我希望广州市在编写"走进广州好教育丛书"的过程中继续挖掘先进人物和新鲜经验，率先实现教育现代化。

2016年7月

总序二

2014年的教师节前夕，我写了一篇《广州教育赋》，后来这篇文章在《中国教育报》上刊登了。在这篇赋中我有这么几句话："大信不约，好校长何止十百；大爱无疆，好老师何止百千；大成不反，好学生何止千万；大道不违，好学校就在此间。"中心意思是说，广州好教育是由十百千万的好校长、好教师、好学生和好学校共同铸成的。正是有着他们的大信大爱和大成大道，广州作为国家重要中心城市之一，在教育，尤其是基础教育方面，才能卓有建树，我们也才有可能推出一套"走进广州好教育丛书"。

在这篇序言中我想表达三个朴实的想法。

第一个朴实的想法是，一座城市的教育发展单靠一两所名校，几位名师、名校长是支撑不起来的。能够为这座城市源源不绝地提供人才智力资源的应该是有那么一大群校长、一大批教师和一大拨学校。他们形成一个个各具怀抱的优秀群落，为这座城市辈代不绝地做着贡献，那我们就要为这一个个优秀群落树碑立传。对于广州这样有着将近1500所中小学的特大型城市而言，我们特别有理由这样做。正是有着他们的大信不约(《礼记·学记》)——真正的信义不需要盟约，他们才会在每一所学校不断坚守；正是有着他们的大爱无疆——博大的仁爱无边无际，他们才会为每一个学生殚精竭虑；正是有着他们的大道不违(原为"大道无违”，《晋书·嵇康传》)——不违背教育的使命与历史发展的规律，他们才会为每一个进步中的时代进行着生动的背书。有了他们，才会有一座城市的教育；有了他们，才会有一座城市的发展。有人要问，这套“走进广州好教育丛书”出齐会有多少册？老实说，我也不能确定。这第一批推出的30册只是一个开始，但我相信，只要这座城市在发展，属于这座城市的教育大赋就一定不会有画上句号的时候，它一定会以这样或那样的形式展现出来。

第二个朴实的想法是，对于基层教育工作者来说，我们真正需要掌握的教育规律和教育法宝就那么几条，如果我们钻进教育思潮的各种主义与模式的迷宫中不得而出，那就容易忘记教育最基本的追求。几年前，广州一个区的教育论坛请来了顾明远先生，顾先生在论坛上说：“没有爱就没有教育，没有兴趣就没有学习。”我们深以为然。教育理论当然有很多，都值得我们认真学习，其他不讲，仅“因材施教”和“有教无类”两条，在我们的教育实践中是否做到了？我相信，如果我们做到了，那我们就有可能进入好教师、好校长、好学校的序列。所以，在这套丛书中，我们特别看重的是重返教育现场，讲好教育故事，今往兼顾，名特相谐。丛书所列既有杏坛前辈，也有讲台新秀；既有百年老校，也有后起名品；各好其好，好好共生。早在100多年前，广州教育就已经在现代化进程中开风气之先。比如说鼎鼎有名的万木草堂，20世纪20年代开辟新学堂；再比如说最早在广州推行开来的六三学制。在当下的教育大格局中，广州教育自然也不能落后，要有广州的好教育。

第三个朴实的想法是，好教育需要有一个好的教育生态。习近平总书记说：“我们的人民热爱生活，期盼有更好的教育。”我们要努力办好让人民满意的教育，那这个教育上的“好”应该体现在哪些方面？除了上面提到的好学生、好教师、好校长、好学校之外，好的教育生态应该是一个必不可少的要素，这其中的一个重要标志就是能够形成尽可能多的教育共识。我们组织编写这套“走进广州好教育丛书”，一个目的就是通过展示我们的教育实践来推动形成更多的教育共识：原来在我们这座城市，在我们身边，就有这些好的教育，值得我们称赞，值得我们珍惜。我们的教育要全面上水平、走前列，这行进过程中积累起来的好教育基础就是我们不断奋力前行的保证。

最后，作为这套丛书的策划者，我要特别感谢北京师范大学出版社，我仍记得三年前，时任北京师范大学副校长的杨耕同志领着北京师范大学出版社的朋友们和我们讨论这套丛书编写出版规划时的热烈情景；另外，我要特别代表广州市教育局感谢顾明远先生为本套丛书作序；还要感谢总主编吴颖民先生以及华南师范大学、广东第二师范学院、广州大学的分册编委的专家团队，正是有他们的认真组织和每一位分册作者的孜孜以求，这套丛书才得以和各位读者见面。

2016 年 7 月

前 言

QIANYAN

流溪河水教给我的

水是文明之源。河流经久不息地滋润着大地，哺育着人民，成为人类文明发展的摇篮。人类的文明是在水边产生、发展起来的，在世界各地，人类的祖先逐水草而居，繁衍和生息，劳动和创造，从原始社会一步一步走到高度发达的现代社会，走到物质文明和精神文明成果都极其丰硕的今天。有人把河流称为大地的动脉，还有人把大地上的很多河流称为“母亲河”。

水是教化之师。中华先贤老子在《道德经》里面写道：“上善若水。水善利万物而不争，处众人之所恶，故几于道。居，善地；心，善渊；与，善仁；言，善信；政，善治；事，善能；动，善时。夫唯不争，故无尤。”《论语·雍也》写道：“知者乐水，仁者乐山。”世世代代善以造化为师的中国古人，从水中汲取了无限的智慧，涵育了深厚的德性，培养了美好的情怀。

水是精神之母。古今中外的许多仁人谈到过故乡，尤其是故乡的河流对自己精神的滋养。当读罗曼·罗兰所著的《贝多芬传》的选段《扼住命运的咽喉》时，我对这样的一段话有深刻的共鸣：“贝多芬的童年尽管如此悲惨，他对这个时代和消磨这个时代的地方，永远保持着一种温柔而凄凉的回忆。不得不离开波恩，几乎终身都住在轻佻的都城维也纳及其惨淡的近郊，他却从没忘记莱茵河畔的故乡，庄严的父性的大河，像他所称的‘我们的父亲莱茵’；的确，它是那样的生动，几乎赋有人性似的，仿佛一颗巨大的灵魂，无数的思想与力量在其中流过；而且莱茵流域中也没有一个地方比细腻的波恩更美、更雄壮、更温柔的了，它的浓荫密布、鲜花满地的坂坡，受着河流的冲击与抚爱。”

莱茵河滋养了贝多芬细腻温柔的情感。在不幸的生活中，他从河流的美丽和爱抚中得到了安慰，他终生对莱茵河充满挚爱的情感。

流溪河，就是我的莱茵河。所不同的是，贝多芬只是在莱茵河畔消磨了他最初的20年；而我一直生长在流溪河边，我从来没有离开过这条河流，也从未打算离开这条河流。从小到大，我从来没有停止过从流溪河的美丽和爱抚中获得情感的安慰、精神的启迪和身心的成长。

流溪河，更是我的黄河、我的长江。黄河和长江是中华民族的母亲河，它们用博大的胸怀孕育了华夏五千年的文明，养育了华夏无数代的子孙。而流溪河，虽然不像黄河那样气势磅礴，不像长江那样宏伟壮观，但它宁静祥和，长流不息。孕育从化文明、养育从化人民的流溪河，就是我心灵中的黄河和长江，也是今天流溪学子幼小心灵中的黄河和长江。

我是一位教育工作者，我热爱教育，热爱学校，热爱学生，热爱我的语文学科。在教育发展的广阔天地里，在学校发展的漫漫长路中，在学科神奇典雅的象牙塔中，在学生稚嫩纯真的心灵中，我沉浸其中遨游。我所凭借的，我所依傍的，都是流溪河水教给我的。

流溪河水教给了我什么？求真的智慧、求善的德性和求美的情怀，而这不就是教育所要追求的和学校所要追求的，也就是校长和教师所要努力获得的吗？

博善——于是，我从流溪河水的启发中拈出这两个字，这是包蕴多么丰富、内涵多么深厚、外延多么广阔的两个字啊！以善为舟，以博为桨为橹，流溪师生以此就可以戏水中流，逐水中流，甚至击水中流了。

博善是水的事业。诗人泰戈尔有一句经典名言：花的事业是甜蜜的，果的事业是珍贵的，让我们做叶的事业吧，因为叶总是谦逊地垂着她的绿荫。很多人认为，教育事业应该是叶的事业，每一名教师就是一片绿叶，孕育着祖国的花朵。看着学生快乐地成长，不断获得成功，教师心中荡漾着说不出的喜悦，教师的事业也就完成了。在我看来，教育应该是水的事业，沉潜涵泳，包纳万千，深情无限，但却润物无声。教育是水的事业，而博善教育，就是水文化的洗礼、水文化的结晶。

当然，水的智慧、德性和情怀都是无穷无尽的，而我们流溪小学的博善之路才刚刚开始，只有通过不断反思、探索、创新，才能更好地培养下一代，更好地再创辉煌。至于我们在不断的学习中领悟了什么，我们在坚定的探索中做了些什么，我们在执着的行走中收获了什么，我们在未来的长途中会坚守什么，如果你乐意分享我们的经验，就请阅读我们的《逐水中流》吧。

广州市从化区街口镇城内路84号有一所创办于清光绪三十二年(1906年)的历史悠久的老学校。虽然身处老中心城区的陈旧、拥挤、逼仄、喧嚣和热闹之中，但在山光水色之间，在流溪河流动的氤氲和潺潺的水声中，在年华更替、春秋代序的岁月中，学校却兀自沉淀下静谧温雅的气质。

一带远山一带水，青山隐隐水迢迢。大化流行的自然将灵山智水作为教化和洗礼，世世代代的从化人以大仁大爱为寄托和瞩望，远方不再遥远，未来不再虚无。在歌的唱响和诗的吟诵中，希望和梦想变得掷地有声，这是天时地利的恩赐，更是人心向和的封赏。

这是一个宁静的世界，这里有清新的空气、幽静的氛围。在古朴的气息里，书声琅琅，在明净的窗棂里，墨香缕缕，一种追求把喧嚣和躁动隔在墙外，一种理念把成长和成就连向广阔的大社会。

这是一个纯粹的世界，这里充满了求知的热情，浸润了教育的艰辛，为着学生的笑，为着教师的教，为着师生之间最真挚、最朴拙的爱，点点滴滴，春风化雨，滋润无声，却经久不衰。

这是一个灵动的世界，生命在沉静中涵养生长的灵性，装裱了人生的课堂，点点滴滴的感动堆砌成生命的乐章，在乐章的奏鸣中，远处的山峦与近处的溪流都活跃起来。教育就是这样，像山的禀赋，沉着稳重；更像极了水的秉性，兼收并蓄，灵动有容。

它依水而建，向水而生，用水的悠远、阔大、广博与宽容洗濯人心，培育人才，熏染着世世代代在这片土地上栖息繁衍的人，它就是流溪小学。

目录

MULU

第一章

流深溪静　岁月炼金

——学校之历史沿革

当太阳把它金色的光辉悄然披洒在你的水面，映照出熠熠光辉的时候；当雨丝一线线无声地落入你的胸怀，化为流水的时候；当微风轻柔地吹动你的柔波，漾开一层层涟漪的时候，一个个孩子正行走在你的身边，正享受着你的滋养。你是大地的赤子，一天天，一月月，一年年，你在从化的大地上流过，从流溪小学的身边流过，伴随着孩子们单纯而又精彩的人生之路。

流溪河是珠江水系北江支流，位于广州市从化区的西北部，发源于从化区吕田镇与新丰县交界处，先后汇集众多溪流后，穿越黄瑶山峡(又称石马山峡)，流入流溪河水库。流溪河从北到南纵贯从化区，良口镇以上约 10 千米的上游河道穿越于深山峡谷之中，两岸石壁陡峭，河道深窄，水流湍急；良口镇以下约 100 千米的中下游水流较为平缓。穿过从化区后，流溪河流经白云区的钟落潭等地，汇入白坭河，经珠江三角洲河网而注入南海。

因为历史上经过了多次治理和开发，所以流溪河在街口附近一段河道的走向发生了十分明显的变化。据清雍正八年(1730 年)《从化县志·山川志》记载，流溪河流经麻村、塘下之后，过东风村的殷家庄口、田边村口到青苔坑(今街口街的北街口一带)，转向河滨公园、石角潭(今河西河堤广场金瓯址)，折入鱼梁尾、陈屋(今物资局址)，流入古楼潭(今广州市人民政府招待所址)，流下门口江，再流经洪山围门口而至蓝田古庙，在蓝田水闸口外，龙潭河汇入，然后流向东南方。现在，这些记载中的地名及其相关风物已为街口街一代辗转绵延的建筑群所代替，流溪河则从街口街的东侧穿过。

不过，无论岁月如何更替，无论时代如何发展，也无论河道如何变化，穿行在深远岁月中的流溪河，始终源清流洁，哺育万物，教化生民，唱着一支深情的歌。

第一节　源清：昨日之流溪——学校的发展历史

“天行健，君子以自强不息；地势坤，君子以厚德载物。”人类生活在大地之上，大地以它的博大和丰厚养育人类；人类在大地上耕作、行走，创造了辉煌灿烂、无与伦比的文化。人与大地之间存在一种血脉相连、水乳交融的关系，每个人对他生活过的大地以及大地上的山川草木、花鸟虫鱼都怀有挥之不去、无法割舍的深情。无论他走向何方，无论他走到多远，大地山河的滋养，地域文化的浸润，都是一种背景、一种底色，都是他生命中挥之不去的一部分。个体的人如此，培养人、教育人的学校更是如此。在一片土地上诞生与成长，在一片土地上发展与变革，学校与土地、地域文化之间的关系就更是不可分割了。因为不同的地域文化，因为不同的历史沿革，每所学校会怀有不同的教育理想和教育追求，并因此创造出不同的教育理念和教育风貌来。

流溪小学位于广东省广州市从化区。而从化，从来就不是一片平凡的土地。

“从来山水美，化作彩云飞”——从化，隶属于广东省广州市的市辖区，是广州市的城市副中心，位于广东省广州市的东北部，总面积达1974.5平方千米。

从化属于亚热带季风性气候，光照充足，气候温和，雨量充沛，其优越的地理位置和宜人的气候条件为聚集的人流提供了良好的生存环境。正因为如此，从远古时代起，我们的祖先就繁衍和生息在这一片热土之上。这里出土过距今约有七八千年历史的新石器工具和用具，这里记载着人类发展史上的早期足迹，具有十分重要的史学意义。

从化山明水秀，人杰地灵。从古至今，勤劳勇敢的从化人民在这里生活和劳动，创造了底蕴深厚、丰富多彩的文化，留下了许多感天动地的故事和英雄豪杰的传奇。

这是一片英雄的土地，这是一片神圣的土地，这是一片伟大的土地。从化人民生长、生活在这片土地上，注定也是不平凡的。

在从化区街口街东侧，流溪河穿过岁月风烟，经历历史浮沉，生生不息，流动不居。在它的孕育、滋养和启示下，流溪小学有百年老校的底蕴和与时俱进的新风；通过一代又一代流溪人的努力，流溪小学以"博通古今，善行天下"的文化新风和教育追求，书写着与时俱进的崭新篇章。

一、从欧萧合馆到门口江小学

欧萧合馆——这是流溪小学的前身，也是流溪小学诞生之初的第一个名字。这个传统文化气息浓厚的名字真实地折射了一段风云激荡的历史。

中国历来是个崇文重教的国度，广州历来是个崇文重教的城市。尤其是近现代社会以来，当中国国运衰微，处于亡国灭种的危机之中、水深火热的境遇之前时，广州挽狂澜于既倒，扶大厦之将倾，跃马当先，掀起了革命的浪潮，改变了历史的进程。在这样的时代背景之下，一批影响时代的风流人物挺身而出。康有为和梁启超等都是广东人，他们对教育的重视、他们的教育思想和教育实践直接影响了一个时代。康有为所著的《大同书》坚决主张教育救国，认为教育是实现政治理想和救亡图强的重要手段，提出要废除科举制度，兴办新式学校，引进西学，提倡中西合璧的教育内容和教学方法。梁启超创办《新民丛报》，著《新民说》，同样认为教育乃变法图强之本，必须兴办学校，以培养有用人才，主张教育应有明确方针，教学应有科学方法。他在《少年中国说》中才气纵横地表述："少年智则国智，少年富则国富，少年强则国强，少年独立则国独立，少年自由则国自由，少年进步则国进步，少年胜于欧洲，则国胜于欧洲，少年雄于地球，则国雄于地球。"即使是今天的中国人读来，亦无一不被激发心智，昂扬精神，鼓舞士气。

说到欧萧合馆，不能不提到 1898 年中国历史上发生的一件大事——由康有为、梁启超领导的著名的戊戌变法运动。这是一次自上而下的资产阶级性质的政治改良运动。面对封建中国日益凋敝沉沦，尤其是鸦片战争以来，在西方国家殖民入侵过程中难以自保、即将亡国灭种的严峻形势，康有为、梁启超以及和他们一样的一批时代俊杰、有识之士，向清政府上书，要求学习西方，提倡学习科学文化，改革政治、教育制度，发展农业、工业、商业等。这一场声势浩大的运动虽然因遭到以慈禧太后为首的守旧派的强烈反对而宣告失败，但却在一定程度上促进了清政府的教育制度改革，并因此在历史上留下了浓墨重彩的一笔。也就是在这一年，清政府颁布了若干有关教育的新规定，其中有一条是鼓励各地的乡绅和平民捐款办学。

"学而优则仕"，中国传统社会的乡绅本就有支持教育、鼓励家族和村社后代走读书取仕之路的传统。得到中央政府的鼓励之后，各种民办的私立学校应运而生。据《从化文史资料》记载，清光绪三十二年(1906年)，从化地方乡绅欧阳愈、萧锦洲两位举人合办了一所私立学校——欧萧合馆，这就是流溪小学的前身。

值得一提的是，在此之前的1904年，由晚清政坛的重要人物、洋务派杰出代表、曾担任两广总督、在广州西村亲自创办闻名遐迩的广雅书院(今广雅中学)的张之洞等人修订并拟定的《奏定学堂章程》公布实行，确立了中国近代"中学为体，西学为用"主张下新教育的教育宗旨，以及比较系统、完备的新学制。《奏定学堂章程》规定："至于立学宗旨，勿论何等学堂，均以忠孝为本，以中国经史之学为基，俾学生心术壹归于纯正，而后以西学沦其知识，练其艺能，务期他日成材，各适实用，以仰副国家造就通才，慎防流弊之意。"同时颁布的"上谕"中有对此教育宗旨的补充说明："学堂以中学为主，西学为辅；培养通材，首重德育；并以忠君、尊孔、尚公、尚武、尚实诸端定其趋向。"这一"中学为体，西学为用"主张下的中国半殖民地半封建时期的教育方针，虽然为应对中国"数千年未有之变局"而提出，但在中国教育史上，是第一次对教育宗旨的明确规定。

显然，流溪小学，从其前身欧萧合馆的创办开始，就成长在一个风云激荡、变革图存的新年代。在战火硝烟和思想变革的时代风潮之中，一代新的青年肩负新的社会理想、新的民族追求，教育也因此肩负起时代责任和社会使命，走在不断探索、不断创新、不断变革的大路上。变革是时代的主旋律，欧萧合馆也不例外。正是这样的建校背景和发展历史，奠定了流溪小学与时俱进、锐意革新的思想渊源和历史基础。

门口江小学——这是流溪小学的第二个名字。带着这个朴实的名字，学校真实地呈现了一段新的发展历程。

欧萧合馆，即欧姓人士和萧姓人士合办的蒙馆。蒙馆即私塾，属小学教育性质。在旧中国的城乡地区，私人设立的私塾相当普遍，提供相当重要的一种启蒙教育。1902 年，清政府颁布《钦定蒙学堂章程》。1906 年，学部又颁布《私塾改良会章程》，其中提出如下内容。

立宪预备，基于地方自治；地方自治，基于普及教育，此通义也。学部近日颁布《劝学所章程》，其办法必先访求讲演员，而以广设蒙小学堂、半日学堂为目的，斯诚得着手处矣。顾以中国现时力量及人民程度，而欲大兴教育，广设蒙小学堂，恐无此无量数之经费，亦无此无量数之教员，则莫如先就旧有之数百万私塾而改良之，因势利导，其事较易，其机较顺，此《劝学所章程》所为注重私塾改良也。

从中可以看到，清朝政府自知难以由国家拨出经费来兴办小学，于是承认私塾存在的合法性，但必须加以改进，以适应时代发展的需要。到了 1910 年，清政府颁布《改良私塾章程》，内容主要包括总则、调查、劝导、改良办法、认定办法、考试。它规定的内容相当详细，实行起来却十分不易。

总体而言，由于晚清政府的财力、人力不足，不可能开办很多学校，而读书风气日盛，民办私立学校就成为重要的补充力量。这些私塾的设备简陋，往往只有一间大课室，只有一名塾师教学，多数塾师也不懂得教学方法。初级学生和高级学生混合在一起，塾师分别施教，交叉进行。学生入学时要跪拜孔圣人，修业期没有统一规定，随时可以由其家庭决定入学或退学，修业时间一般在五六年。学费的收取也没有规定和通则，有的按父母家庭贫富而定。有些较有名气的私塾，当学生增加时，设两间课室，塾师有两三名。

关于私塾课程，清朝曾制定《家塾课程》，由龙启瑞草拟，大致是以看、读、书、写四字为提纲，读熟书(经类)以沃其义理之根，看生书(史类)以扩其变通之趣，写字以规其用心之静躁，作文以验其养气之浅深，四者具而学生之基业始立。说来说去，就是专学国文，《四书》《五经》之类仍然是主要课程。

中国封建社会的这些私塾之所以能够长期存在，一来是因为当时国家无力普及教育，二来是因为老百姓穷苦，只能将儿子送到私塾，能认字、写信就行。特别是在穷乡僻壤地区，私塾确实担负了扫盲的任务。即使在辛亥革命以后，私塾仍然普遍存在，但开始增设珠算、绘画、歌唱科目，请一些钟点教员，比清末有了一些改进。

私塾的办学情况有两种：一种是越办越好，成为有名气的学校；另一种是商业性质较重，学生不多，办学没有什么成绩。欧萧合馆显然是第一种。从一开始，欧萧合馆在选址上就独具慧眼，它得天独厚，濒临一条河，那就是从化人民的母亲河——流溪河。这是一条源远流长、生生不息的母亲河。打开欧萧合馆的大门，人们看到的就是河。河水浅吟低唱，日日夜夜滋养着欧萧合馆。如果说近水楼台先得月的话，欧萧合馆就是一座名副其实的近水楼台。在教育变革的大背景下，欧萧合馆已经由一个定位低、规制小的民办的私立学校发展成为一所现代意义上的小学。

1943 年对于已经 37 岁的欧萧合馆来说是值得铭记的一年。

这一年，德国医学专家检测水样，证实从化温泉水是世界珍稀泉水。全世界只有两处，除瑞士外，只有从化有，这使得从明清时期起就被列为“从化八景”之一的温泉风景区“百丈飞泉”名满天下。

这一年，曾担任培正小学校长和培正中学体育主任、事务主任、总务主任等职的从化先贤邝乐生(？—1943 年，江埔镇新围村人)因病去世。孙中山任培正小学校董事会名誉董事长时曾赠他一幅大相片，上有"邝乐生校长惠存，孙中山敬赠"字样。时任广东省教育厅厅长的许崇清曾授予他"热心教育"的镜屏一面。

这一年，于1940年10月担任从化县(今从化区)县长的从化先贤欧阳磊(1892—1967年，江埔镇凤院村人)在任职期间积极创办了良口中学，并连续6年兼任该校校长。欧阳磊曾发动人们捐款扩建温泉中学，使该校增设了高中部；还在温泉筹办了一所崇文小学。这一年，从化县温泉镇第三中心小学开始创办，其前身为"灌村镇中心小学"。

这一年，在地方乡贤的倡导下，欧萧合馆正式更名为"门口江小学"，开启了现代新教育的发展之路。

二、流溪小学：一个诗意的名字

1949年10月14日，广州红旗招展，歌声飞荡，人们激情澎湃地迎来了解放。值得一提而今天的大多数广州人可能已经不知道的是，解放广州最后一战的战场，就在从化的云台山。

今天的云台山，空气清新润人却沾衣不湿，两座连绵的山坡上种满了荔枝树，漫山翠绿。花开时节，花蕊多得散如罗伞，色彩似黄似绿，层层交叠，与山水交映，就像一幅水墨画。

广州解放后，在"广州市新民主主义教育工作者协会"和"广州市学生联合会"的领导下，广州市的大中小学逐渐恢复上课。当时的从化县政府接管了门口江小学这所已有深厚底蕴和相当规模的小学，并将其确定为县立第一小学。

1953年3月，《人民教育》杂志发表题为《教学工作是学校压倒一切的中心任务》的社论，提出提高教学质量的重大意义。为了配合经济建设的迅速发展，广州的教育工作者，也把提高质量作为刻不容缓的任务。市教育局采取了两个具体措施：第一，大力组织学校教师学习苏联凯洛夫的《教育学》；第二，制定《中小学教学工作计划纲要》。在1953年9月发布的《中小学教学工作计划纲要》的指导下，以提高教学质量为中心，广大教育工作者积极行动起来，门口江小学也出现了师生团结、勤教勤学、校风良好的新气象。

1959年1月8日，对于流溪小学来说，是个值得深深铭刻的日子——周恩来同志和邓颖超同志视察了这所学校，并依据学校在地理位置上靠近流溪河的缘由提议将“门口江小学”改名为“流溪小学”。

“流溪小学”——这是一个写实的名字，更是一个诗意的名字。这个名字表现了一代国家领导人对教育的重视，凝聚着一代国家领导人对流溪小学的厚爱与重托。学校领导在此建议之上，仔细斟酌，确定学校更名为流溪小学。

学校因水而立，临水而生，这水便滋养熏染着它怀抱中的一切人和物，欧萧合馆如是，门口江小学如是，流溪小学亦如是。从一开始，流溪小学就跟流溪河这条从化人民的母亲河结下了不解之缘。有所不同的是，欧萧合馆的名字上烙着的是旧时代的印记；门口江小学，作为一个完全写实的校名，质朴有余而文脉不足，听上去难免让人产生太过普通的感觉；或许正因为如此，周恩来同志来学校视察的时候，就及时地提出了更改校名的要求。也许是天作之合，也许是冥冥注定，因为周恩来同志的这一次视察，从此流溪小学就直接以流溪河为名，流溪河的名字成了流溪小学的名字——一条河和一所学校血肉相连。对于这一段渊源，流溪人总是津津乐道，咂摸品味，深深感受着国家领导人的关爱和重托。说到这一段渊源，流溪人就不由得驻足留步，细说端详。

1959年1月8日，在从化接见了干部、战士、学生之后，在县委领导的陪同下，周恩来同志打算去参观“旧从城”。于是他徒步向西行，在经过街口深耕改土区时，他跑到田里去观察深耕改土的情况，并对该地段全面的农田基本建设规划蓝图进行了非常细致的观看。一路随行的书记们边指着地段边向他介绍着，他认真地聆听着，并频频点头。

从雄峰村出来后，周恩来同志便被相邻的“门口江小学”吸引住了，于是临时提出要进学校看看。他突然走进这所小学时，对老师们、学生们鼓舞很大，整个校园顿时沸腾起来。大家怀着喜悦激动的心情，热情上前欢迎他。

敬爱的周恩来同志和邓颖超同志仔细地视察了这所学校，并听取了相关工作人员的介绍，了解了学校的前身和历史发展情况，并同学校的老师进行了非常温暖的对话。第一个迎接周恩来同志的是学校教导主任杨淑芬老师，他握着杨主任的手问道：“你是老师吗?”杨主任紧紧握着他的手，却激动得一句话也说不出来。

在从化县委书记张永信和校长、老师们的陪同下，周恩来同志漫步校园，看到了少先队队部、学生宿舍、制肥厂、劳动园地、课室、墙报、评比台等。

周恩来同志边看边和师生们亲切交谈，询问大家工作生活情况。他说，“要重视教育事业”。当他看到一则“人人要讲普通话”的标语时，就说“很好!”，但建议改为“人人要学普通话”。

当察看到个别课室的光线不足时，周恩来同志就提议多开个窗口。在巡视学校菜园时，他首先询问了学生们的学习和劳动问题，杨主任一一做了回答，她汇报说：“现在学校正在贯彻‘一一五’制，尽可能地开展少量的劳动教育，旨在培养小学生的劳动兴趣。”他听了点点头表示满意。

周恩来同志走到“元旦墙报”栏，驻足欣赏学生们的文章、漫画。学校教导主任杨淑芬介绍说，这是学生们向元旦献礼的创作图画。突然一阵风把一幅图画吹落到附近地面上。只见他毫不迟疑地上前俯身把画捡起来，交到杨老师手上。这刹那间的一幕，显出他平易近人的伟大人格，令大家十分感动。

在这短短的时间里，周恩来同志的来临对老师们、学生们来说是莫大的鼓舞，大家喜悦激动的心情久久不能平静下来。

因为学校刚好建在流溪河的旁边，周恩来同志便提议改名为“流溪小学”。流溪河属于北江支流，是广州市的母亲河，流经从化大地，哺育着两岸人民。学校改名为“流溪小学”，正好寓意着学校任教的老师既要像流溪河一样有广阔博大的胸怀，又要有博大精深的专业知识，能够善待学生，为学生传道授业。同时，对于学生而言，学校的培育务求博学多才，追求“上善若水、厚德载物”般的高尚品性，力求使学生在善于学习的时候更能与人为善。

（选自《广州青少年报》）

由于学校与周恩来同志的这段渊源，学校领导不仅采纳了他更改校名的建议，即将原来的门口江小学改为现在的流溪小学，而且在学校建设中还在校园的中心地带立有他的雕像，并配以他年轻时代的名言“为中华之崛起而读书”。学校以此校园文化景观时刻提醒全体师生：要胸怀博大、志存高远，以天下兴亡为己任，为成长为建设祖国的栋梁之材而努力学习。周恩来同志给予流溪小学的，不仅是一个美好的名字，而且是一种不甘平庸的精神。发展到今天，流溪小学更名也有差不多 60 年了。在这 60 年里，流溪小学的一代代师生，都谨记周恩来同志的督导，以崇高的志向、博大的胸怀、高远的追求，努力实现人生最大的善——服务国家和人民。图 1-1 为学校中心广场的周恩来同志的雕像及“为中华之崛起而读书”的名言。

图 1-1 学校中心广场的周恩来同志的雕像及“为中华之崛起而读书”的名言

在这60年里，先贤的谆言一直在耳边回荡，先贤的事迹一直激励着流溪学子奋发向上，积极有为。于是，新生的希望一次次穿透年代的边界，逝去的是当时的历史，当时的人和事，铭刻的却是不老的记忆。崎岖颠簸的路途考验着来时的脚步，真挚热忱的邀请挽留了求知的心灵，就是这样的恰到好处，就是这样的恰如其分。一所学校的历史在校名的几经更改之后被确切地镌刻在了书册上，我们时时翻阅，仍余留着感动。因着特殊的年代，因着前人的奋斗，因着代代相传的坚守，因着无法磨灭的希望，希望就这样镌刻在有心人的心上。所以，即便历经沧海桑田，这段真实存在的历史都注定要被后来的人追溯并且铭记。

就这样，从晚清到中华民国，从新中国的成立到新时期的变革，在校名的几番更改之间，流溪小学历经风霜雨雪，走过百年沧桑，岁月烁金，初心不改，其发展的步伐却始终没有停顿。从清朝时期的欧萧合馆到门口江小学，再到周恩来同志提议并定名的流溪小学，风云变幻，时间流转，流溪小学的校史却从来不断，岁月的痕迹被镌刻在一所学校的史册之上。就这样，流溪小学从桃李芬芳的烂漫走进了秋实累累的丰收。

在几代人不息的奋斗拼搏中，1994年，流溪小学被评为首批省一级学校；2014年，流溪小学被评为广州市义务教育阶段特色教育学校。在办学过程中，学校提炼出独特的“水文化”办学理念，定位为“水文化”特色学校，倡导“博善”教育。在历届校领导班子的引领下，流溪小学将“水”的品质贯穿在学校的所有办学理念当中，奔腾不止，生生不息；流溪人在“博善”教育的大船上，乘风破浪，一意向前，必将流溪小学创办成更具影响力的学校。

第二节　流洁：今日之流溪——学校的未来展望

《荀子·君道》说：“源清则流清，源浊则流浊。”源的清浊决定了流的清浊，“源清流洁”一词从此而来，并流传后世。明代薛瑄在他的《薛文清公读书录·体验》中对此表述做了阐发："心如水之源，源清则流清，心正则事正。"人心就和流水的源头一样，源之清决定了流之清，心之正决定了事之正。

磨难也好，历练也罢，在流溪小学的发展征途上，一代一代的流溪人坚持着教育这一项平凡而又伟大的事业，走过历史的每一个风口浪尖。艰难也好，辛酸也罢，一批一批的流溪人怀揣着这一个平凡而又伟大的梦想，直面历史的每一次千锤百炼。或许正如于谦的《石灰吟》里的石灰一样："千锤万凿出深山，烈火焚烧若等闲。粉身碎骨浑不怕，要留清白在人间。"穿梭过历史的轨道，历经了世事的变幻、时代的变迁，教育就成了一身清白、一片赤诚的精神家园，而因为流溪小学一代代的接班人有了流溪河水的滋养以及世代流传的精神补给，所以这个精神家园就一直这样被继承下来。即使是在烽火连天的战乱时期，即使是在外强入侵的艰难年月，流溪人都秉承着周恩来同志"为中华之崛起而读书"的宏愿，披荆斩棘，继往开来。功夫不负有心人，经过这么多人这么多年的辛勤付出，流溪小学的教育事业蒸蒸日上。图 1-2 是 2015 年校庆时学生们的表演。

图 1-2　流溪小学是学生们的大舞台

一、潘健辉：一位名副其实的好校长

潘健辉是流溪小学的现任校长。"健辉"是一个很好的名字，不难让人联想到《周易·大畜》中的句子："刚健笃实，辉光日新。"刚健的新辉，在笃实中求新求变。潘健辉校长就像他的名字一样，正是一个在道德、才能两方面都严格要求自己，不断进取，日有长进的人；他所带领的流溪小学，也像他的名字一样，刚健笃实，辉光日新。

一件事情是否可以做好，一所学校是否可以办好，关键也就在于人心是否明净澄澈。人之心如水之源，明净澄澈的心灵让人能够对世界有一个清晰的把握。基于这种清晰的把握，一个人就能对自己的行为制定严格的标准，身正则影端，心正则行正。

当校长之前，潘健辉曾经是一位优秀的教师。对于一个外形俊朗、才智过人的男士来说，在改革开放以来商业文化尤其发达的广东，若没有发自心底的热爱和饱满充沛的情怀，是不会选择做一名小学教师的。潘健辉恰恰就是一个热爱教育事业、热爱学校生活、热爱孩子的人。1994 年师范毕业之后，他被分配到流溪小学，当一名小学语文教师，如今已工作 20 多年。图 1-3 为潘健辉校长。

图 1-3　潘健辉校长

热爱、才干、事业心，这三者的相加让潘健辉很快就脱颖而出。他多次承担从化市(今从化区)、广州市的公开赛课，多次在从化区、广州市的教学竞赛中获一、二等奖。他还勤于教学研究，所撰写的论文《组合各种力量建设班集体》荣获全国中小学班集体建设优秀论文评选二等奖；《〈丰碑〉教学谈》等三篇教学论文被编入省一级学校论文丛书《教海扬帆》里，《创设情境，点拨明理》等论文被刊登在《从化教研》上。课题成果“发展性教学评价之作文评语研究”获“广州市中小学、中等职业学校第三阶段教学设计与实施活动——发展性教学评价研究”评比三等奖。一路上，脚踏实地的他得到了师生、家长和社会的认可，获得了很多荣誉：2006 年潘健辉获得《现代小学生报》优秀辅导老师铜奖；2007 年他被评为从化市教育局优秀共产党员以及“广州市优秀教师”；2009 年他被评为“广州市支持少先队工作好校长”以及从化市师德辩论赛一等奖，等等。

潘健辉在学科教学上的业绩和学生管理、部门管理上的成就有目共睹。他一步一个脚印地成长起来，从科任教师、班主任、科主任、级主任到部门主任、副校长，成为流溪小学的校长。

任职以来，在他的领导下，流溪小学取得了一系列的荣誉，先后被评为：广州市义务教育阶段特色学校，广东省棋类特色学校，创建全国文明城市先进单位，维护稳定及社会治安综合治理先进单位，广州市语言文字规范化示范学校，从化区德育示范学校，第二届全国百佳语文教师暨语文教改示范校，“广州市红领巾成长小记者站”试点学校，第八届、第九届《现代中小学生报》百所读报用报标兵学校，广州市“百校扶百校”工作先进集体等。流溪小学连续多年获评：从化市小学教学质量优良单位一等奖、2012 年度从化市教育工会工作目标考核模范单位、2012 年度从化市教育系统模范妇委会组织、2011—2012 年度广州市少先队红旗大队。学校集体参加从化区以上团体比赛获得的市级以上奖励达 100 多项；教师个人参加市级以上各类竞赛获奖达 300 多人次；学生个人参加各类竞赛获奖达 600 多人次。

繁忙的行政管理工作，并没有消解他投身教学和科研工作的热情。

他始终不曾离开教学和科研的一线，他组织的德育课题“农村小学家校合作模式的研究”申报国家级课题并于2011年2月立项(被列为国家重点课题)，于2014年成功结题。2013年课题“以‘博善’教育创建特色学校的研究”获省级立项，于2015年成功结题。

成绩的获得绝非偶然，更不是幸运，因为幸运之神从来都只眷顾有准备的人、有头脑的人。潘健辉校长不仅是一个有深厚的教育情怀和远大的教育理想的校长，而且是一个一直在学习、思考、践行的行动者。

潘健辉是一个勤于思考、勤于学习的人。校长是什么？校长意味着什么？校长需要做什么？校长应该怎样做？他是一位在小学教育战线上工作多年的老教师，上任之初，新的身份、新的角色、新的职责都引发了他深深的思考。

最初的“校长”一词出现在秦汉时期，指的是下级军官，而后经过漫长的发展演化，成为国家教育行政部门或其他办学机构管理部门任命的学校行政负责人。1912年，我国开始将学堂改为学校，学校的行政负责人也同时改称为校长，并沿用至今。从世界范围来看，现在世界各国的各级各类学校皆设置校长。一般地说，各国对校长的共同要求为：必须懂得学校教学、教育和管理工作，并受过专门的教育管理专业的教育或培训；应具备教学管理和行政管理的能力；要有相当的教学、教育和管理的教育实践经验和理论素养，思想品德修养好，在教师中有一定威望。这么看来，校长可谓身兼数职，责任重大。党的十一届三中全会以来，我国在教育方面逐步走上正轨，因而也更强调校长必须要懂得学校教学、教育和管理工作。在现行的体制下，校长必须得是一个全能之才，才能承担众多的职责。校长必须是对学校各个方面都了如指掌的人，这样才可以更好地协调学校内部事务，以及教师和学生之间的交流与冲突，保障教师和学生的合法权益都不受到侵犯。除此之外，校长必须在教育教学中有所建树，这样，对于教师的教授方法以及课程改革和课堂把握才能予以最客观、最专业的评价。此外，校长还能带领教师在科研上取得一定的成就。除了教学、科研、协调关系之外，校长还是学校管理的一把手，学校的建设都凝聚着校长的元素。一所学校的校本理念实际上也反映了这所学校的校长世代传承的办学理念，所以校长是学校建设最核心的人物。人们通过了解校长的言论主张，便能知晓学校的办学宗旨，所以，校长是学校里举足轻重的人。

总之，在职责上，校长综理全校的校务，对外代表学校，对内主持校务。在其位，谋其政，这叫作担当，叫作责任。潘健辉校长就是这么一位有担当、负责任的校长。对于一所学校而言，校长几乎是整个学校事业的代言人，他对学校的整体构建会有一个宏观的把控。在这种把控的基础上，他会提出一系列的主张与建议，使得学校向着更好的方向发展。有一位务实求新的校长，才有一所务实求新的学校，因为校长的风格就是学校的风格，校长的风采就是学校的风采。

流溪小学源清流洁，有着一意向前的历史；流溪人有深厚的底蕴、清洁的精神，要走向开阔的境界、光明的未来。

“上善若水，泽万物而不相争；流溪致远，唯广博方可兴达。”这句话是对潘健辉校长教育情怀和教育理想的最好诠释，也是他对学校办学历史和教育追求的高度提炼。水与人的生活息息相关：水，滋养生命，从地下汩汩涌上，自然流淌，静止时变得水平如仪，可沉淀杂质，亦可澄清自我。它善于忍受外在的强力而最终却能消磨坚石。它可以坚硬如冰，亦可以散为蒸汽；它是多变的，亦是永恒的；它是透彻的，亦是难以捉摸的；它是纯粹的，亦是博大精深的。植物发芽，生长，开花，结果，这循环往复的过程都离不开水的滋养；没有水，生命就会戛然而止。它既可以代表时间，令古来圣贤发出人生短暂的慨叹：“逝者如斯夫，不舍昼夜”“流水落花春去也，天上人间”；又以高贵不羁的品行打动着历朝历代的有识之士：“江海之所以能为百谷王者，以其善下之”“清水出芙蓉，天然去雕饰”；等等。这些感叹也好，唏嘘也罢，都体现了水的文化内涵。所以，提倡“水文化”其实就是在提倡一种具有中国传统哲学智慧的“天人合一”“玄同彼我”的精神思想，水与人这种息息相关的互动就是人与大自然的一种无缝契合。

潘健辉校长对“水文化”内涵有深刻理解和独到见解，用“水”来比喻教育，把水的特性运用到教育教学的实践过程之中，开展并且推广具有“水文化”特色的创新课程，这充分体现了潘健辉校长的真知灼见及深广情怀。水是博大的，因为它有广阔的胸怀，包容一切，所谓“海纳百川，有容乃大”；水又是慈善的，因为它孕育生命，经久不息，所谓“上善若水，水善利万物而不争”。“水”成了博与善的代言人，被水滋养的文化也就是一种“博善”文化。

“博善”教育就是潘健辉校长对流溪小学几十年办学历程的高度概括。自开办以来，流溪人辛勤耕耘，努力探索。流溪河美好、灵动的水文化意象以及周恩来同志博大的胸怀，为流溪小学的办学理念以及特色发展道路提供着不竭的文化源泉、精神动力以及校本课程资源；流溪小学形成了具有校本特色的“博善”教育理念和教育模式。在这里成长的学生们博爱、善良、博学、善思，今天他们追求“博古通今”，他日定将“善行天下”。

在潘健辉校长的带领下，流溪小学将这种具有深广内涵的“水文化”理念渗透在每一项教育教学工作中，德育为先，注重教师队伍的德行操守以及学生修养的至德至善，以此建构流溪小学特有的培养模式。这其实也就是把“博善”理念做到了实处，让处在学校中的每一个个体都是德行兼备的完整的人。

流溪小学的“博善”教育得到了社会的关注和认同。在接受《名校速递》的访谈时，潘健辉校长详细阐述了“博善”的文化理念以及具体操作程序。现摘录如下。

《名校速递》：请您详细解释“博善”教育这一概念。

潘健辉：我校的核心理念源自流溪小学自身的历史发展、地理位置和资源环境。流溪河美好的水文化意象以及周恩来同志博大的胸怀，为学校特色理念提供了文化源泉。

“博”的理念源自水的汇聚、包容品性，取“有容乃大”的含义特性。我们进而引申出“博”的精神，这在师生身上有不同的体现。其中，教师之“博”，体现为教师的品行高雅，学识渊博，教法科学。学生之“博”，体现为心存博爱，学识渊博。

“善”的理念出自老子的《道德经》里面的“上善若水”，意指最高境界的优良品行如同水一样可以润泽万物而不争名利。我们进而引申出以“善心”“善意”“善缘”“善举”“善良”等含义为核心内容的德育内容和形式。我们将鲜明的水文化特色融入校园文化建设，将“博古通今、善行天下”作为我们的校训。同时，我们希望在专家的指导下，形成一套整体育人的新模式，能够针对不同年龄段的学生，在教育方法和策略方面有所侧重，编撰成一系列的校本教材，形成“从爱校、爱地区到爱祖国”系统的“博善”教育模式。

我们具体为初、中、高 3 个年级层次编写 3 本教材。每本设立了 4 大板块，增进学生的班级认同感，教育全体学生爱我流溪，爱家，爱国，爱世界，爱环保，等等；以德育为核心，在思想文化方面给流溪小学的学生提供源源不断的“正能量”。

博者，博通古今也。在语义上，“博”除了形容范围广以外，还有知识渊博、博学多才之意。例如，《史记・屈原贾生列传》中评价屈原：“博闻强志，明于治乱，娴于辞令。”即说他见识广博，记忆力强。又如《荀子・劝学》告诫君子：“君子博学而日参省乎己，则知明而行无过矣。”则是说君子知识广博，知道的多。总之，所谓博，就是要培养见识广博、学问深厚的莘莘学子，这主要侧重于知识学问的层面，即智育。

善者，善行天下也。善就是好、吉祥如意的意思。后来，在语义的演化中，善的意思逐渐丰富起来。《国语・晋语》所谓：“善，德之建也。”《左传・襄公三十年》言：“善人国之主也。”《论语・述而》中有人们耳熟能详的一句话：“择其善者而从之，其不善者而改之。”这些都是对善之德行的言说，表明善乃人的德行操守，乃至万物运作中最为高尚的品行原则。

流溪小学秉承“善行天下”的教育原则，实质上就是要培育德才兼备、德艺双馨、与人为善的学生，博善之间，主要侧重于品德操守的层面，即德育。

这就是潘健辉校长的“博善”教育理念。

培养德智体美劳全面发展的学生是我们国家的教育目标，其中，德育为先。对于社会的良性有序发展来说，一个人的德更重于才，更高于能，也就是说一个完整的人首先就应该是一个具备高尚道德、为人善良、与人为善的人。要作文，先做人，做人永远高于作文；要做事，先做人，做人永远高于做事。人的品行永远高于技能和才学。杜威说：“教育即生长，生长就是目的，在生长之外别无目的。”杜威对此做了进一步阐发，他认为教育的本义就是要使每个人的天性和与生俱来的能力得到健康生长；儿童最可贵的就是他纯洁无瑕的美好心灵、他与生俱来的善良天性，教育就是要保护并不断挖掘这种美好跟善良，而不是克制和压抑儿童。

儿童是花朵，是初春里娇艳欲滴的希望，他们在万物复苏的大地上如同精灵一般行走，教会忙碌的大人要有纯净和美好的心智。同时，这花朵也需要作为教师的大人去悉心浇灌，用如水般清凉透彻的文化和智慧去引导他们，最大可能地释放他们的善和他们的爱，这是教育的目的，也是教育所要遵守的规范。流溪小学把“博善”的“水文化”教育理念奉为圭臬，正好契合了教育的最终目的。

除了对于“博善”的理论性阐述外，潘健辉校长在实践操作的问题上也下了很深的功夫，这也足以显示“博善”教育理念在流溪小学的举足轻重的地位。

对此，潘健辉校长也有一番独到的心得，现摘录对话如下。

《名校速递》：“博善”教育在流溪小学中具体是怎样开展的？

潘健辉：目前，“博善”教育模式的理想尚处于起步阶段。我们秉承“水品育人”“溯本求源”的德育、教学理念，我们让每位学科教师都在校内展示一节特色课，并分学科举办流溪小学的文化节、艺术节、体育科技节、“博善”杯围棋大赛等活动。让我们学校的学生在丰富多样的活动中激发出学习的兴趣和热情。

我们希望把学校办成一所基础教育的“大超市”，采用招募学生家长做义工、与社会单位合作的多种形式整合社会资源，努力为学生提供丰富的课程项目，让学生都能学有所长，充分展现我校教育内容方面的“广博”。例如，我校的课程有书法、绘画、跳绳、围棋、乐器、科技等，争取让校内外的每一项活动都生动有趣，让每一个孩子都可以自由选择自己喜欢的、擅长又适合的项目，进而深入学习，发展为自己的特长。

为了增加学生的学习兴趣，学校分学科开展了“文化节”活动，让学生学得开心，“像过节一样去学习”。其中语文学科组织开展了以“博览经典、精彩童年”为主题的“亲子共读”活动和自主诵读活动，将知识性、趣味性、普及性融为一体。在“亲子共读”活动中，各班语文教师向学生推荐阅读书目，如有趣的故事、有意义的诗词与美文等，倡导学生带动家长一起利用晚上和节假日时间共读好书，共享阅读的快乐，并把读后所得以“读书卡”“手抄报”及“读后感”的形式呈现出来，形成一本《水精灵漂流记》，再交由老师查阅并给予点评，形成教师、学生、家长三方互动的阅读模式。

各年级组教师发挥自己的聪明才智，根据本年级学生的特点，开展写字比赛、讲故事比赛、课本剧展示、书签制作赛、“博学”灯谜会、手抄报比赛等。通过这种“语文文化节”的形式，我们推进了以“经典阅读”为核心和内涵的“书香校园”建设，激发了全校师生的阅读热情。这成为我校一道亮丽的风景线。

而且在活动课程的设置研发方面，全体教师都参与设计，教师团队的创造力也在这些活动实施的过程中得到了发展。在博善快乐的校园生活氛围中，师生共同成长。我希望在未来的三到五年内，能够把教师们想要的变为现实，将“博善”教育形成文化体系，让从这里毕业的学生都能拥有“水文化”特质，既有传统气质，又遵守现代礼仪，像“水”一样圆融贯通，又像“水”一样莹润博爱。

将学校办成基础教育的大超市，这个极为生动的譬喻正好暗合了教育的包容性以及丰富性。大教育家蔡元培就主张思想自由，兼容并包，认为教育也好，办学也好，都是开放、包容的事业，要自由创新，共生共荣，而不是关起门来自说自话，故步自封。封闭式的教育会减少儿童天性伸展的可能性，隔绝式的教育会把学生、教师、家长割裂开来，三方面各自为攻，只是一盘无法聚拢、无法成型的散沙。这样，学生的学校教育会跟家庭教育脱节。而包容式的教育，不仅吸收了学生的智慧，也吸纳了家长的智慧，学生、家长积极参与到学校建设中来，为学校发展建言献策。那么，学生、教师、家长将会形成一个坚固的整体，通过互相之间的反馈，使得教育的功效事半功倍，这是非常值得提倡的做法。流溪小学要形成这样一个融学生、教师、家长于一体的学校模式，这是非常好的举措，这也是"博善"教育理念以及"水文化"理念的旨归。

流溪小学的校本理念就是围绕"博善"展开的，这是办学的理念。同时更是做人的理念，教育即生长，教育就是要培养全面的人，培养真正的人。潘健辉校长谨记流溪理念，对"博善"做了一系列详细到位的阐释，足见他本人对这一理念的融会贯通。这已不仅仅是一句口号，更多的是一种精神引领，是流溪人的精神写照，这写照最具体、最直接地被体现在了代表学校风貌的校长身上。所谓辉光日新，风华依旧，正是如此。

二、校园是个文化场

文化是一种社会现象，是人们长期创造的产物，是自然的人化。学校是一种社会组织，有着自己独特的社会功能定位。学校有自己的文化，学校文化有和其他文化相同的一般性特征，也有不同于其他文化形态的特殊性。学校文化的一般性在于，它是由学校所有成员在教育、教学、科研、组织和生活方面的长期活动与发展演变过程中共同创造的、对外具有个性的精神和物质共同体；学校文化的特殊性在于，学校是教书育人的特定场所，其文化建设尤其重要，毫不夸张地说，校园就是一个文化场。

在学校里，文化不只是精神性的存在。文化立校，文化建校，学校文化表现在学校的教育理念和管理观念、历史传统和行为规范、人际关系和风俗习惯、教育环境和制度安排以及由此而体现出来的校风和学校精神等方方面面。概而言之，学校文化可分为价值观念、运行制度、环境物象三个层面。

流溪小学，无论是在价值观念、运行制度还是在环境物象的设计和营造方面，都体现了学校“水文化”的办学理念和价值追求。

(一)有吸引力的环境文化

杜威认为：所谓人的成长，就是在与环境相互作用的过程中更新了自己。巴尔扎克说：“生活是我们在自己喜欢的环境中所遵循的一种习惯。”良好而富有个性的校园环境，一方面，可以起到美化校园、装饰校容、改善校貌的作用；另一方面，又能够以其独特的物质文化景观影响学生的内在修养，使得身处其中的每个个体都能够得到灵魂陶冶、心灵净化、精神提升。学校在此基础上进一步提升学校的文化品位以及精神境界，从而真正起到文化场的作用。

校园是教书育人的专门场所，理应是个文化场，是个教育场。流溪人对此有深刻的认同，他们确信优化校园教书育人的软环境，可以深化一个学校的文化软实力，使得它在众多同级学校中保持独特性、崇高性以及恒久的价值。与此同时，要将学校打造成每一个人的精神家园，让每一个身处其中的人感受到精神回归的踏实感与安全感，这是学校建设以物传神的最好旨归。

《集唐诗序》有言：“凡物之美者，盈天地间皆是也，然必待人之神明才慧而见。”在流溪河的怀抱中，流溪小学走过了不平凡的峥嵘岁月，河水的滋养和晕染造就了流溪小学极为独特的“水文化”教育思想和“博善”教育理念。

水是生命之源、文化之源，也是流溪小学校园环境文化中最突出的元素和最独特的风景。在“水文化”教育思想和“博善”教育理念的主导下，不管是从建筑的设计入手，还是从屹立在校园中的雕塑(哪怕只是小小的浮雕)入手，学校都力求渗透博善思维，用水的灵动给学校带来鲜活的生命力。走进校门，映入眼帘的是美丽的“涓涓流溪”，中间矗立着高大的周恩来同志的铜像，古朴的长城墙上还镶嵌着周恩来同志的鼓励与号召——为中华之崛起而读书；与之呼应的是教学楼上壮观的浮雕景观——流溪香雪，寓意乘风破浪，披荆斩棘；学校里的每一栋建筑都有一个饱含寓意的名字——博立楼、博弘楼、善荣楼等，还有那主题大堂古色古香、洋溢着书香气息的墙壁与梁柱，熏陶着这里的每一位学生。以上成为学校“水文化”特色校园环境的具体体现。

1. 流溪香雪——博善之思

走进校门，极其醒目可见的便是流溪小学的标志性景观建筑——一座以“博善”为名的假山。假山并不高耸入云，但在沉静无言中却别有一种威仪；假山下面潺潺流淌着的，是从流溪河中取来的清水；这涓涓溪流旁边的空地中间矗立着受人尊敬的周恩来同志的雕像，并配以周恩来同志广为人知的“为中华之崛起而读书”的名言。周恩来同志雕像的前方，是一个可容纳几百人的小广场。小广场以红白相间的方砖与主色调为褐红、灰、白的校舍互相辉映，形成一种别具特色的校园氛围。

学校主体大楼的外墙上雕刻着气势磅礴的浮雕作品：“流溪香雪”。香雪是梅花的别称。梅花开在冬季，像雪花一样淡雅幽静，但却散发着清香。香雪之名，对于梅花而言，实在是恰切不过的。清代余怀在《板桥杂记·丽品》中云：“轩左种老梅一树，花时香雪霏拂几榻。”《湖壖杂记》有言：“湖墅有三胜地，西溪之梅名曰香雪。”画家朱宣咸的中国画也有所谓“香雪”系列，龚自珍的《虞美人》中有词云：“笛声叫起倦魂时，飞过蒙蒙香雪一千枝。”广州地处五岭之南，气候温暖宜人。广州市萝岗地区种梅始于宋代，因特殊的自然条件，常梅开二度，花有红有白，梅萼有单托、双托。农历岁末，冬至前后，梅花盛开，繁花如雪，疏影横斜，香风阵阵，踏雪寻梅的人纷至沓来，一时游人如鲫。旧羊城八景之一的“萝岗香雪”由此而来。20 世纪 60 年代，诗人郭沫若到此赋诗云：“岭南无雪何称雪，雪本无香也说香。十里梅花浑似雪，萝岗香雪映朝阳。”而今的广州，除了如诗如画外，盛况不减当年的萝岗香雪、流溪香雪也成为著名的胜景。图 1-4 为流溪香雪。

图 1-4　流溪香雪

凌寒不凋、坚韧不拔的梅花和香雪，在中国文化史上成为一种精神、一种风骨、一种气节的象征。很多文人墨客都愿意描写香雪，赞美香雪。在流溪小学，香雪也成为校园文化的重要部分，成为流溪人精神的寄托、文化的象征，激励流溪小学的师生不畏风霜雨雪，乘风破浪，勇敢前进。

2. 主要建筑——博善之实

除了专门用以弘扬学校“博善”教育理念的景观建筑之外，学校的主要建筑都以落实“博善”教育理念为特色，博立楼、博弘楼、善正楼、善荣楼——每一栋楼都被赋予了一个寓意深厚的名字。教学楼取名为博立楼和博弘楼，旨在引导学生树立博学多知和善于弘扬的精神，能够从小立志，并且创新未来。而办公楼取名为善正楼，则寓意着学校应该树立正确办学、公正处事的原则，不偏不倚，给每一位学生提供平等的机会以及相同分量的关怀。至于多功能楼取名为善荣楼，则寓意学生和教师都要树立传承光荣传统的观念，使得流溪小学的光辉历史能够代代传承。

我们到达博弘楼的时候发现，楼下的展示栏上有着主题为“遵教诲，展风采”的标语。如果说博立楼是学生的展示天地，那么博弘楼就是教师的大本营了，因为这里处处展示着教师们的光辉风采与光荣形象，是师德、身德和心得的最好脚注。通过这里，我们能够认识每一位辛勤耕耘并期盼收获的园丁，他们苦心孤诣地浇灌着每一株祖国的花朵，陪着他们，等待有一天迎来他们最灿烂的绽放。

3. 书香班级——博善之风

对于一所学校而言，最能具体反映学生状态和风貌的大概就是班级文化了，而流溪小学的班级文化也是别具特色的。首先，当走到每个班级门前时，最先映入眼帘的就是设计独特的班级名片。流溪小学在各个班级的教室门外都贴心地布置了水花形的班级名片。名片的内容包括：班级名称、班风、班主任寄语以及班级照片等，能够让人在进入教室之前，就对这个班级产生一种最直接的印象暗示，对一个班级的大致情况有一种全方位的把握，这样进入教室就不会感觉完全陌生。其次，对于每位学生而言，这种名片的方式会使他们的班级归属感得到强化，他们每一个人都是这张班级名片上的一员，他们组成了一个集体，形成了荣辱与共、同舟共济的关系。归属感得到保证之后，集体的荣誉感也会有所提升，所谓一荣俱荣，一损俱损，每个人都要争取通过自己的努力为这张名片增光，而不是抹黑。这种名片设计的方式会使学生的集体意识得到更深一步的凝聚，这是非常有必要且意义非凡的事情。除此之外，在每扇窗户的外面，班级还根据学生的年龄特点，合理有趣地设置了宣传牌。特别是针对一些年龄较小的低年级学生，这种宣传牌的设置就更加突出趣味性了。比如，一年级教室的走廊上会贴着可爱的卡通人物，并配有一些如“我是小学生啦”的亲切话语。

鲁迅先生曾经说过：“游戏是儿童最正当的行为，玩具是儿童的天使。”儿童纯然的天性决定了他们对于世界认知的特殊方式，教育要秉承因材施教的原则，教师对于不同年龄的孩子一定要有不同的应对方式，这是必然的规律，是教育成功的基本保证。卡通人物最能走入儿童的世界，跟儿童对话，并教给儿童他们能够理解并且接受的道理，这也是流溪小学的管理者要在学校走廊上张贴卡通人物的原因。这种趣味性的设置能使儿童在接受教育的同时很好地保护他们的天性，因为儿童的天性是造物主最为神奇的馈赠，我们每个人都应细心呵护，不可使它遭受一丝破坏。学校通过这种独特的设计，也为学生创设了一个温馨和谐的学习和游戏的环境，寓教于乐。这是贺拉斯在《诗艺》中提出的伟大智慧，这也是教育最好的方式以及收效最大的方式。

此外，在各个班级的教室里，教师还专门留出足够的空间设置了图书角，上面摆放着各种类型的课外书。这些书有学校提供的，也有班上学生自己主动捐赠的。如果是学生捐赠的书，则每一本书的扉页上都有学生自己的签名。学生同时写上他最欣赏的一句话，送给自己，也送给每一位阅读此书的同学。而且这句话通常都是一种对于人生的态度，或者对于未来的期望，以及对于梦想的坚守，这在很大程度上能够鼓励每一位打开这本书的学生。通过这种彼此之间把最喜爱的书相互交换的方式，学生找到了自己最为脾性相投的书友，他们可以在此基础上进行更为深入的探讨，互相激励，共同进步。同时，琳琅满目的书架也增添了教室的书卷气，使得教室处处洋溢着沁人心脾的书香气息。

除了图书角以外，最为引人注意的恐怕就是每个教室的板报设计了。根据每一个班级学生的自主性，板报的设计多半都是异彩纷呈的。有的班级因为感喟于周恩来同志的精神光辉，所以会在板报上画上周恩来同志的肖像，并书写周恩来同志的名言“为中华之崛起而读书”的大字。有的班级因为喜欢轻松愉悦又能鼓舞人心的漫画，所以会在板报上画上具有故事情节的漫画，同学们在学习之余可以讲述漫画发生的故事以及蕴含的寓意。还有的班级会把全班每一个人的梦想写在各种造型的便笺纸上。这些造型包括书页状、房子状、树叶状以及各种规则形状、不规则形状，然后再用一种别具匠心的粘贴方式把这些便笺纸串联成一棵树、一座山，或者一条河的形状。这样，大家每一个人的梦想就在这个班级里落地生根了，每一个人都是彼此梦想的见证者，大家互相陪伴，互相激励，一起携手并进，努力实现这个梦想，这是一个特别能够凝聚班级向心力又充满爱的做法。小小的板报设计凝聚了学生的心血，体现了学生对于班级文化建设的悉心付出。

4. 多元场室——博善之气

给学生提供学习的专门场地，这是学校的功能和目的，而学习的目的则是要让学生在实现全面发展的基础上培养自己的特长。所以在流溪小学中，除了每个班级自己专属的大本营之外，学校还会提供一些其他的特殊场所。我们暂且把凝结在这些特殊场所上的文化付出称为场室文化。这些场室文化的主要目的就是营造更好、更全面的学习氛围，让学生有足够的机会去接触新鲜的东西，培养他们的兴趣爱好。学校建设了各种功能场室：藏书室、棋艺室、心理咨询室、美术室以及科学实验室等。这些场室的设置契合了每一位学生的独特性，使他们能够在学习文化知识之外受到自己感兴趣的其他的艺术熏陶，这样有助于每位学生发挥自己的特长。每个场室都会根据其功能的特殊性进行独具特色的装饰设置，在这种温馨和谐而又充满文化艺术气息的空间里，学生能够获得快乐并且实现学习的目的。图 1-5 为学校的大堂。

图 1-5　学校的大堂

不管是文化知识的滋养，还是艺术元素的熏陶，都要以健康的体魄为基础。任何一所学校，都必须把学生的身体成长和身体锻炼纳入学校培育人才的课程体系，所以操场是必不可少的校园设施。亚里士多德说："生命在于运动。"历来伟大的哲学家和教育家都认可好的生命质量一定得益于坚持不懈的体育锻炼。对于一所学校而言，它的操场文化同样是举足轻重的。流溪小学在操场投入和设计上的用心也是有目共睹的：操场拥有高标准的塑胶跑道、空间充足的篮球场以及规范舒适的足球场；操场的围墙上雕刻着以“生命在于运动”为主题的各种浮雕；操场边上立着两尊小孩运动的铜像，既充满童趣，又时刻提醒着学生“生命在于运动”的谆言。

马克思曾说：人创造环境，同样，环境也创造人。优秀的人创造优秀的校园环境，反过来，优秀的校园环境又能创造出优秀的人。这样，力的相互作用就能使得教育的成果翻倍，即使在较短的时间内，这种效用不会立刻凸显出来，但经过一定时间，这种效用一定会显现出来，所以这是一件具有隐性作用的需要耐心去慢慢渗透的事情。作为学校的管理者，他必须具有这样的远见卓识，并且能够脚踏实地，去投资，去投入，因为正如华生所言：“环境改变的程度越高，则人格改变的程度也越高。”学校以育人为目的，创设独特的校园环境就是在为育人这个目的锦上添花，添砖加瓦，这是一个水乳交融、一气呵成的过程，是容不得轻视与随意的。就像古训里的文如其人、书如其人的说法一样，校园建设也是学校的门面，是学校风貌最直观的呈现。在这些直观的呈现中，理念也会自然而然地体现出来。流溪小学，时时刻刻铭记不忘的就是博通古今、善行天下的理念，因此学校的任何一个地方都有对此明示或暗示的标识。图 1-6 为学校廊柱上的“博善”二字。

图 1-6　学校廊柱上的“博善”二字

漫步流溪，在校园处处，我们都可以见到一根根古香古色的柱子，其上或是挂上了关于“水”的古诗词，或是展示着学生的书画作品。学生在这片天地里既能直观地感受到“水”的深厚内涵，又能亲身参与到这种校园文化氛围的构建中来。可以说这是一举多得的事情，既达到了宣扬博善思想的目的，又达到了对学生最为直接的教育培养的目的。就在挺拔的廊柱上面，气势磅礴的“博善”二字随时映入人们的眼帘，成为一种无处不在的文化引领，昭示着流溪小学的教育教学理念。

因为有了水的点化，世间的一切都灵动起来；因为有了水的沁染，墨的生命才活跃开来，不再是干瘪的状态，也不再是毫无生气的存在。水墨的融合，带来校园中扑鼻的书香。在这弥漫的书香里，水墨交织成的灵动的校园文化，熏陶着流溪小学的每一位学子，潜移默化地影响着全校师生。愿他们在这美好的氛围里快乐工作，健康成长！愿他们在流溪河水的晕染里，在校园建设的陪衬中勾勒自己最华丽的人生蓝图。

(二)有凝聚力的精神文化

精神文化是学校文化的核心和灵魂，具体体现为学校师生的价值观念。价值观念是学校文化追求在每一位师生脑海中、心灵中的内化。上善若水，泽万物而不争；流溪致远，唯广博以兴达。以水文化为引领，流溪小学逐渐建构起自己的精神文化，并不断打响学校的文化品牌。

1. 校徽

在学校文化的诸要素中，校徽是学校的象征，是学校办学理念和文化底蕴的集中体现和艺术化表达。图 1-7 为流溪小学的新校徽。从形状上说，流溪小学的新校徽选用圆形来构图，象征着流溪人和谐相处，同心同德。圆形上具有中国风的白色条纹与枣红色的圆形互相映衬，给人严谨而又不失灵动的感觉，寓意师生循序渐进，教学圆梦。从色调上说，校徽采用了

图 1-7　流溪小学的新校徽

校园建筑主色调——沉稳厚重的枣红色，彰显了学校的历史底蕴及厚重的文化积淀。从主要元素上说，校徽包含以下元素。

学宫——校徽中心图案上部分的学宫形状是学校前身欧萧合馆的建筑外形，这也是学校百年校史的有力见证。

爱心——图案下部分是小手牵大手组成的一个爱心，寓意师生、生生、师师、家校之间亲密合作，心连心，手拉手，相辅相成，共同成长。爱心的倒影寓意着涓涓流溪源远流长，跃动不息。

数字——“1906”指清光绪三十二年，是欧萧合馆的创办年，体现了学校的悠久历史；“1959.01.08”是周恩来同志和邓颖超同志视察学校并提议改名为“流溪小学”的纪念日子。

“善”字的变体——学宫、小手牵大手组成的爱心及其倒影而成的涓涓流溪组合成一个惟妙惟肖的“善”字。流溪生水，水生博善，凸显了“水文化”特色的“博善”教育思想。

总体来说，流溪小学的新校徽动静结合，动感的溪水与静态的学宫相互衬托，动静相宜，融为一体，寓含流溪人阳光进取、博学善思、尚善求真、朴实纯净、包容豁达的如水之品，更寄予流溪人继承周恩来同志“为中华之崛起而读书”的远大理想，以博大的胸怀、不懈的奋斗，努力践行人生最大的善——服务国家和人民。

2. 校歌

对于学校文化建设来说，校歌的作用是不可忽视的。校歌是学校文化土壤上开出的一朵绚丽鲜花，也是学校精神高地上飘扬的一面旗帜。“风云岭下，流溪河旁，周恩来同志视察过的地方，流溪小学多呀多荣光”的歌词，蕴含着学子们不断进取的精神和孜孜以求的努力。只要欢快活泼的歌声响起，在优美动听的旋律中，流溪人与生俱来的自豪和骄傲，继往开来的责任和使命，一脉相承的光荣和梦想便被唤醒，一种昂扬奋发的情绪、一种为祖国建功立业的情感便注满师生的心间。图 1-8 为流溪小学校歌。

流溪小学校歌

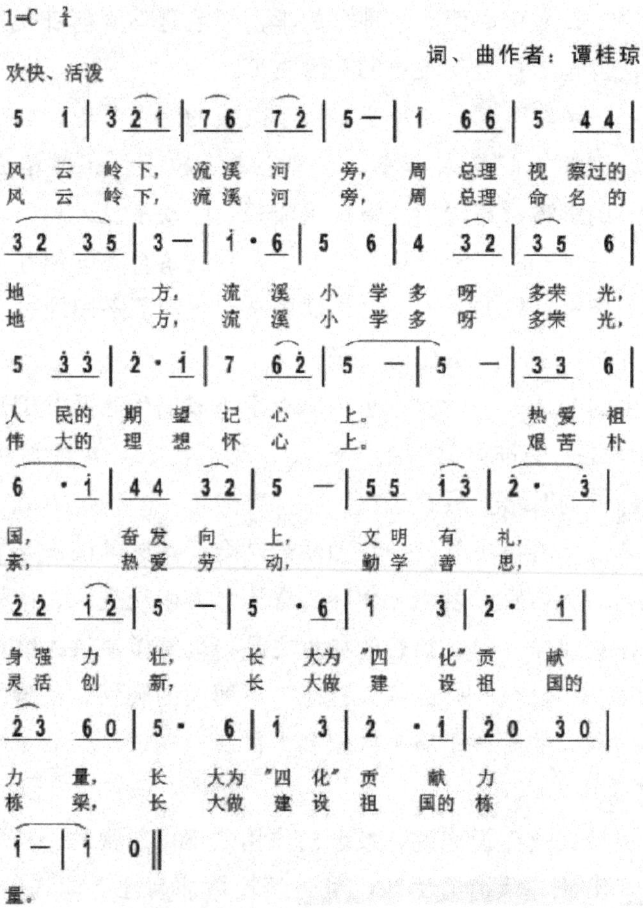

图 1-8 流溪小学校歌

3. 校训

流溪小学的校训“博通古今，善行天下”是“博善”教育理念的具体化表达。

“博通古今”承载着流溪小学的文化精神，指熟谙经史，通晓古代、现代的事情。水的博大精深，周恩来的博大胸怀，激发了流溪人不断追求博善人格的理想。“博通古今”是使人的学识博大精深的途径，也是培养博善理想人格的重要途径。它引导师生用知识丰富自己的生命，学会学习，不断发现知识。

“善行天下”蕴含着流溪小学的教育主张，指善行遍布天下，是社会和谐的体现；“善行天下”也指行善者能行走天下，实现人生的目标和生命的价值。流溪小学以此号召流溪学子博览群书，通晓古今中外的知识，以善德、善能行走天下，实现社会的和谐和人生的崇高价值。图 1-9 为学校的博善广场。

图 1-9　学校的博善广场

(三)有影响力的制度文化

教育是培养人的事业，其着力点是促进人的生命发展和人生幸福。这里的人既包括莘莘学子，也包括谆谆教师，还包括社会上的芸芸众生。“水文化”同样以关注生命为基点，强调每一个人以自身的条件为基础，通过努力获得成功体验，从而体现生命价值在其成长过程中的和谐统一和完美实现。

为了保障“博善”教育理念的实施和“水文化”教育目标的达成，流溪小学以务实严谨的态度打造了特有的制度文化，建设了专业的教师队伍。制度文化和教师队伍建设应该说是学校文化追求在每一位师生脑海中、心灵中的强化。

在健全机制、建立管理体系方面，流溪小学独具特色。学校实行的是“服务型”的扁平管理模式，推行“校长领导教学、分管校长坐镇教学、书记保证教学、行政服务教学”的“四线合一”的管理模式，实行学校全面质量管理的制度，以目标(结果)为导向，确立各层面的教学质量第一责任人，要求下级行政干部要对所负责的级组实行扁平管理，直接对该级组的教学质量负责，强化校级行政负责人对课堂教学的领导。每一位校级干部具体负责一个年级，校级干部定期或不定期开会，沟通各年级的情况，及时做出有关决策。处室职能部门是服务机构，充分体现了学校服务型的扁平管理的特性。

在教师队伍建设、关注教师的职业生涯、提高教师的专业素养方面，学校也花了大力气，下了苦功夫。首先，引领教师树立“为人师表”的职业意识，强化从教者的责任感和使命感，形成具有共同的归属感、共同的价值追求、共同的“流溪情结”、务实和谐、团结奋进的教师群体。其次，通过改进课程设置、评价方式和教师的教学过程，构建新的教学模式，从而更新教师的教学方式和学生的学习方法，提升教育教学质量。最后，注重教师的生命质量，在满足教师职业和生活的基本需求后，引导他们追求自我实现和人生幸福。如此，学校从理念上凝聚人心，从机制上引领发展，从氛围上倡导和谐，最终实现促进教师自我超越和群体发展、学校组织创新和文化变革的目标。

未来为了培养一支有战斗力的博善教师团队，学校还采取了很多有实效的措施。一是成立科研中心，组建带头部队。2011 学年伊始，学校便把年富力强的、有上进心的以及有一定科研能力的教师集聚起来，成立了学校的科研中心。通过绩效加分、优先评先的激励措施，激励他们走专业发展之路，从而带动各层次、各学科的教师走科研之路。二是走出去、请进来，多方位培训教师团队。在培训工作的开展过程中，学校先后邀请了熊焰教授、蒋亚辉主任等多位具有专业素质和知识的专家从职业态度、教育教学技能以及课题研究等方面对全校教师做了细致的培训。与此同时，学校还分期、分批地组织教师外出培训，增长教师的见识，接收前沿的教育信息，提高教师的教育教学水平。三是以微型课题为抓手，以科研引领专业发展，制定《流溪小学微型课题研究实施方案》，在此基础上，培养教师的科研意识，使他们学习课题研究方法技能，引领教师专业发展。四是开展特色课堂展示活动，践行特色办学理念；每学期定期举办学科特色课堂展示活动，组织全校教师听课、评课，检验教学理念的落实情况，增进学科之间的相互了解。五是关注教师的身心发展，营造和谐人际氛围。因为工会是保障教师利益的组织，所以学校积极发挥工会的作用，针对教师的健康问题，开展每周的健身活动，开展团康辅导活动，开展博善生日分享会活动，开展主题文体活动，开展慰问活动等，关心教师的身心健康，有效改善教师间的人际关系，使教师团队相互扶持，相互帮助，从而营造和谐民主的校园氛围。

当然，在学生的教育问题上，学校也认识到，家长是特别重要的学校教育资源，有效地开发家长资源，开展水乳交融的家校合作，打造并形成家校合作的合力，会有助于学生在学校更好地成长。如何使家长在学校工作中起到“推波助澜”的作用，这是大有学问的。有的家长有一个认识上的误区，即家长只负责孩子的养，学校完全管孩子的育，所以，会形成只要把孩子交到学校，就一身轻松的思维定势。其实，从孩子出生的第一天起，家长就成了孩子的第一任教师。如果家长从孩子小时候起开始既养又育，孩子走进学校之后，就会更好地成长起来。就教育而言，学校和家庭永远不能分化而治，两者必须永远处在和谐统一的状态，这样对学生的教育成效才会事半功倍。一旦将两者分割开来，那么教育就达不到最好的状态，对学生的教育就会出现断层的情况，所以加强家校合作是非常有必要，也是非常有意义的。在家校合作的具体工作的开展中，流溪小学做了以下的努力。

首先，搭建家校合作的桥梁——家谊会、家委会。学校成立家谊会，设立家谊会章程，聘请家谊会主席、副主席、理事等成员，由家谊会统筹家长学校工作，每年制订家长学校工作计划，开展相关工作。每年级成立年级家委会，作为家谊会的补充，协助学校与家谊会的具体工作。家谊会与家委会，搭建起了学校、家庭以及社区之间的沟通桥梁，为学校的发展提供了很好的平台与资源。

其次，组建教育的好助手——义工队。由家谊会牵头，家委会具体操作，成立家长义工队。义工队包括：助教义工队、活动义工队、护送义工队。义工队制订方案，协助学校开展教育教学工作，很好地补充了学校某方面教育的空白以及有力地给学校的安全等方面工作提供了保障。

最后，开展有效的家校活动。要开展各种亲子活动、家长学校培训活动、家校联谊活动等，强调活动的实效性，更好地为学生的教育服务。

正如苏霍姆林斯基所说：生活向学校提出的任务是如此的复杂，以致如果没有整个社会，首先是家庭高度的教育学素养，那么不管教师付出多大的努力，都收不到完满的效果。把家长请到学校，让家长进入学校，使爱心和责任交融，使学校和家庭牵手。由此，家校之间就会保持一致，学生的健康和谐发展也就水到渠成了。

让家长参与修订学校管理制度，不但能使他们有一种受到学校尊重的感觉，还会避免很多不必要的误会甚至摩擦。特别是有关惩戒学生方面的制度，如果学校操作不好，往往会令家长产生意见，甚至与学校形成对立。比如，关于学生违纪行为的处理规定，如果家校之间达不成共识，家长理解不好，甚至一点儿都不知道，再加之对孩子过多溺爱，就有可能与学校产生矛盾。其实，没有惩戒的教育不是真正意义上的教育。现在的必要的惩戒，长远来说却是一种爱护、一种保护。学生现在有了一些不大的问题，及时接受惩戒之后，就会对学校制度心存敬畏，不但现在少犯错误，未来也不至于犯更大的错误，更有可能养成遵守规章制度的习惯。

学校开展家校合作，让家长参与到条例的制定中来，首先会让他们感到学校对他们的一种信任，他们会特别认真地参与进来。为此，他们还有可能主动积极地对这方面的方针政策进行研究。当他们了解到这一条例实施的必要性，特别是认识到这一条例的目的不是惩戒孩子，而是有利于孩子更好成长的时候，他们就会从心里认可这一条例，维护这一条例。即使自己的孩子违反了这一条例，且受到了处罚，也能理解，也能接受，甚至有可能帮助学校做好孩子的思想工作。这样，条例的实施就会畅通无阻，就会形成一种条例文化。这种文化对于学校教育是十分重要的。

我们只有让家庭真正扮演好“教育伙伴”的角色，让家长真正成为学校管理舞台上的“舞者”，使学校和家庭真正凝聚起教育合力，才能让孩子生动活泼地健康成长，才能使学校又好又快地和谐发展。让家长参与学校管理，表面上显示着民主管理、家校合作的程度，实质上体现的是一种全新的、人本的育人理念。将家庭与学校剥离开来，非但形不成合力，还会形成离心力。离心力越大，学校就会越办越糟。

如果说学校是孩子成长的育人之地，那么家庭也应是一所育人学校。这两所学校的教育目标必须一致，教育方法也应当有异曲同工之妙。让家长参与学校的管理，会拉近学校与家庭的关系，让这两个场所的育人者能够同心同力地教育好孩子。而且，当家长的这种意识觉醒以后，他们参与学校管理的热情就会越来越高，会认为这本来就是自己的事情。当他们在这种合力下看到孩子更好的发展的时候，他们就会拥有更大的积极性。在开始的时候，家长对于学校管理还可能所知甚少，也许有不当之处。可是，随着时间的拉长，随着他们在参与管理中积累经验与教训，他们就会拥有更多的经验。这样，由此形成的就不仅仅是一种一般意义上的合力，还会出现“1＋1 远远大于 2”的效应。这样一种心理学意义上的格式塔效应，经常出现在流溪小学的教育之路上。

三、走上品牌发展之路

品牌原指消费者对产品及产品系列的认知程度，包括对一个企业及其产品、售后服务、文化价值的评价和认知。品牌代表着客户对商家的信任，是一种使商品增值的无形资产。随着商业文化的渗透，品牌意识逐渐扩展到其他类型的社会组织，包括大中小学。

对于一所学校来说，树立品牌意识，并通过文化建设塑造品牌形象，对内可以增强凝聚力和向心力，对外可以获得公众更多的关注和更多教育教学资源的倾斜，从而优化学校的育人环境，服务于学校人才培养的目标。

流溪河美好的水文化意象以及周恩来同志博大的胸怀，为学校的内涵发展、特色发展提供着不竭的文化源泉、精神动力。经过几十年的探索和奋斗，流溪小学建构起了一个以博善教育为核心的、具有校本特色的、完整而又具体的理念体系和教育模式。图 1-10 为学校的博善文化主题墙。

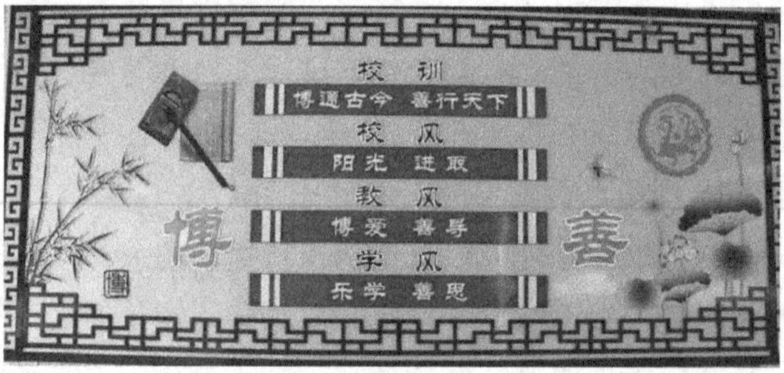

图 1-10　学校的博善文化主题墙

(一)办学理念：实施博善教育，成为有文化影响力的品牌学校

办学理念是办学者对用什么样的教育理念以及办什么样的学校的问题的理性思考和回答。流溪小学的办学理念，自始至终既源于“博善教育”，也回归于“博善”教育理想。

博者通达也，善者，长久也。岁月的见证使得一句口号成为一个理念，岁月的流淌继续见证这个理念的繁衍，像极了生命的运行，教育也是同样的道理。

“博善”教育理念是流溪小学特色教学的精髓所在，在流溪人那里，“博善”二字有着极为丰富的内涵。“博”的精神，在师生身上有着不同的体现。所谓“学高为师，身正为范”，教师之“博”，体现为教师修养的“广博”，即品行高雅，学识渊博，教法科学。“品行高雅”指教师的品德高尚、雅致；“学识渊博”体现为教师要有知识的广度和深度；“教法科学”表现为教师教法兼容并自成一家。所谓莘莘学子，博通古今。学生之“博”，体现为“博雅”，即心存博爱，学识渊博。“心存博爱”指学生心胸开阔，心态阳光，志存高远；“学识渊博”指学生博览群书，知识广而深，博学多才。而“善”的精神内涵则更为广大。“善”包括以“善心”“善意”“善缘”“善举”“善良”等含义为核心内容的德育内容和形式。教师的“善”，体现在善待自己，善待岗位，善待学生。学生的“善”，体现在善待自己，善待师长，善待他人，快乐成长。针对不同年龄段的学生，通过研究不同的育人途径，流溪小学形成了一套整体的育人新模式，即“博善”教育模式。

(二)教育理念：博善教育

王冀生教授在《现代大学的教育理念》一文中着重分析教育理念与教育思想、教育规律的联系和区别时，给教育理念下了这样的定义：“教育理念则是人们追求的教育理想，它是建立在教育规律的基础之上的。”同时他补充说明：“科学的教育理念是一种‘远见卓识’，它能正确地反映教育的本质和时代的特征，科学地指明教育前进的方向。”“教育理念并不就是教育现实，实现教育理念是一个长期奋斗的过程，……”教育理念是关于“教育的应然状态”的判断，是渗透了人们对教育的价值取向或价值倾向的“好教育”观念。它是教育思想家乃至整个民族长期蕴蓄和形成的教育价值取向的直观反映、体现和追求，是关于教育发展的一种理想性、精神性、持续性和相对稳定性的范型，具有导向性、前瞻性、规范性的特征。

每所学校的管理者都在努力提出具有自我标示性的教育理念，因为教育理念是这所学校的灵魂所在，它指导着这所学校的所有工作的开展。拥有好的理念的指导，学校才会做好的教育，培养好的人才，教育理念贯穿在整个教学过程的始终。对于流溪小学来说，这个贯穿始终的灵魂式的理念就是“博善”教育理念。

(三)德育理念：水品育人

教育是从善开始，到善终结，由善贯穿始终的。如果脱离了善的引导，教育就没有价值，也就不是真正的教育。老子说：“上善若水。”做人应如水，水滋润万物，但从不与万物争高下，这样的品德才最接近道，才是最崇高的品德。

水的晕染给了教育一片净土，让它能在这个浮躁的时代仍然保持自身的独立性和崇高性。学校是圣地，这里是播种梦想的地方，是每一艘激情澎湃、生机昂扬的生命之舟开始航行的地方，这里承载着希望与赤诚，感动与欢笑。而唯有善，才能为这希望护航。有了它，生命的舟楫才不会抛锚；有了它，每个在这船上的人才能彼此关爱，互帮互助，人间的温暖才能得以释放。德育的目的就是要传播这种善，传播这种爱。孔子所谓“仁者爱人”，其实就是对于善的宣扬。人之初，性本善，遵循善的教育，才能还世界一片清白，也才能使每个人不忘本心，不灭天性。

德育在学校教学中占有非常重要的地位，加强学校的德育建设是创造良好校园、形成良好校风的关键。流溪小学以“水品育人”的观念为指导，来实施学校的德育建设，是非常具有独特性的。而且学校在德育工作方面也做了一系列努力，充分彰显了德育的重要性。

1. 重视德育队伍建设，强化德育意识

因为班主任是学校德育工作的主力军，所以流溪小学对班主任工作极其重视。每年的开学之初，学校要求班主任写好工作计划，对本班的班级管理做好规划，进而对班主任每月工作进行总结，并对下阶段工作做出部署，到学期末再写出工作总结。学校依此对班主任工作进行考核评估。

另外，为了强化德育工作的科学性和实效性，流溪小学还注重德育研究，经常召开以班级文化建设和班级管理为主题的班主任经验交流会。

此外，学校还要做好少先队小干部的选拔、培训工作。学校每月定期对他们进行培训，使他们能真正成为教师的小帮手，在学生劝导、广播站管理等方面发挥作用。教师在每周召开的例会上对他们值日中存在的问题提出相应的意见和建议，指导他们更好地扮演好小助手的角色。

同时，学校还要加强少先队阵地建设。学校要充分利用校园广播站、国旗下讲话和各班黑板报的宣传作用，及时有效地对学生进行教育，塑造少先队礼仪队伍形象。

最后，学校要加强对后进生的管理，做好品德后进生的帮教转化工作。各班都要结合各自的实际，做好品德后进生的帮教转化工作，建立帮教档案，并制定具体的帮教措施，记载好帮教情况，努力做到用爱心去关怀他们，用耐心去感化他们，尽量把一些苗头性问题消灭于萌芽状态之中。

2. 不断加强行为规范教育

学校以学生为主体，从行为规范教育入手，培养全面发展的具有现代意识的小学生。这是小学教育不容忽视的一面，对于处于小学阶段的学生来说，行为规范教育几乎会影响到他们的一生。在小学时期就能养成良好的行为规范，对于成年之后的每个人来说都具有不可估量的意义。

首先，要坚持不懈地抓好《小学生守则》《小学生日常行为规范》的养成教育。学校要把教育的重点放在文明礼仪、清洁卫生、学习习惯、安全教育上。开学初，学校就及时地集中对全校学生进行《小学生守则》和《小学生日常行为规范》的教育，利用广播站对学生进行宣传。

其次，要坚持常规检查评比。检查评比要做到客观公正，并且把清洁卫生的打扫和保持纪律、两操作为检查评比的重点。学校每天将学生检查的“三评”结果进行及时公布，并在每月评选出先进班级进行荣誉表彰，这样能够鼓舞学生的进取心和主动参与的积极性。这种及时的反馈是非常必要的。

再次，要鼓励学生继续做好班级文化建设，定期更换班级板报设计封面，以此彰显出班级的个性。

最后，也是最为重要的就是安全教育要警钟长鸣、常抓不懈。我们是一株苍老树干上最先萌发的绿叶，是星辰日月、草木山川的精华汇聚而成的，是亿万粒菽粟、亿万滴甘露濡养出的万物之灵，生命如此珍贵，自然不能忽视安全。而且孩子的生命是上天最美好的赠予，我们要为他们保驾护航，守护好每一个鲜活灵动的生命。

由于小学生存在年龄的差异性以及缺乏自我保护意识，所以安全是学校德育建设必须时时刻刻都要排在日程上的工作要求。学校要加强对学生课间活动的监督，坚持实行楼道值班和集体放学制度，做好交通安全、食品卫生安全的教育，宣扬生命意识，使每位学生都能意识到生命的重要性以及安全工作的重要性，这是保证其他一切工作顺利开展的前提。

德育是学校开展教学工作的重要基石，如果忽视了德育工作建设，那么一切展望和计划都是海市蜃楼。德育秉承"善"的理念，注重学生的品德修养与行为规范的培育，这些对于形成期的小学生是必不可少的，也是影响深远的。学校重视德育工作，就是重视学生的全面发展，重视学校的全面发展，这是符合"博善"教育理念的内在要求的。

(四)教学理念：溯本求源

课堂是师生共同成长的地方，是师生展示生命意义与价值的舞台。流溪小学受"水文化"的启发，课堂教学溯本求源，以学生的发展成长为本，不断提供学生成长的源头活水，形成了以追寻幸福感为主的快乐和谐的课堂氛围。

"溯本求源"的本意是追寻根本，探求起源。语出宋代周密的《齐东野语・道学》："其能发明先贤旨意，溯流徂源，论著讲介卓然自为一家者，惟广汉张氏敬夫、东莱吕氏伯恭、新安朱氏元晦而已。"就是说要能在所给出的现有材料的基础上，举一反三，并且能够做到刨根问底，全面透彻地理解、掌握更多材料之外的东西，这才是大智慧的表现。做学问要有这样的精神，在教育教学的过程中，也要处处贯彻这一理念，使教育不要简单地停留在认知表面，而要使学生养成善于追根溯源的思维习惯。在教育的实践过程中，开展教学的固定场所——课堂就更应该贯彻这个观念。“溯本求源”要求学校的教育工作者切切实实地实施新课程改革，以新的教学理念转变陈旧的教学方式，以新的教学方式引导学生改变学习方式，从而使学生在以自我为主导的教学环境中形成主动学习的探究式学习方式；在自主探究的基础上，熟知并掌握所接触到的知识点，从而提升接受能力和学习能力，让教育转变为真正具有人性化、科学性、实效性的有成就、有结果的好教育。

罗素说：“为爱所支配的知识是教育者所必需的，也是他的学生所应获得的。在低年级，对学生的爱是最重要的爱；到高年级，热爱所传授的知识，就逐渐成为必要。”人性化的教育离不开师生彼此之间的爱，敬也好，关爱也罢，只要有爱的润滑，教育构建起来的关系链就是温暖的。但教育的爱不是毫无条件的、泛滥的爱，它是一种有节制的、以尊重为前提的爱。学生要尊重教师，教师也要尊重学生。在传统的教育理念中，师者的威严与地位被屡次加以强调，师生之间更多被要求的是学生，学生应该无条件地遵循教师的一切规定，教师是整个课堂的主体。所谓“师者，所以传道授业解惑也”，课堂完全掌握在教师手中，课堂上通常形成的就是我们现在所说的“满堂灌”的教学方式，学生在课堂上一点参与度也没有，学生的热情也不高。而这种生硬的教学方式长此以往，便会抹杀学生的问题意识，使得他们养成被动接受的思维定势，想象力和发散性思维都被压抑，教学的成果特别不乐观。所以，在近年来的教育改革尤其是课程改革中，改善课堂上的师生关系成为关键。学生的作用和地位被凸显出来，学生成为学习的主体，成为课堂上的主角；而教师则以引导人的身份，引导学生进行自主探究，充分激发学生的问题意识和发散思维，使学生利用独有的想象力来从不同的角度和层面理解文本知识。所以爱默生说：“教育的秘密在于尊重学生。”

《学记》言“教学相长”，教育是以学生为主体而展开的行为，教与学是教育的两个面；只有突出学生的主体地位，教师的教才会有方向性和目的性，课堂才是有针对性的。尊重学生，就是教师将主体地位让位于学生的最好的、最直接的表现。教师在尊重学生的基础上，才会去倾听学生的问题、要求以及另类视角下产生的见解。当这种倾听有条件发生的时候，引导和鼓励才会发挥效用，课堂才会成为教师与学生全面参与的场所。这样，学生在课堂上才会感受到愉快、和谐，才不会觉得被压抑、被操控，课堂上的幸福感才会彰显出来。有了这种幸福感做保证，师生之间的情谊才会更加浓烈长久。所以苏霍姆林斯基说："教育，这首先是关怀备至地，深思熟虑地，小心翼翼地触击年轻的心灵，在这里谁有细致和耐心，谁就能获得成功。"教学不在于传授本领，而在于激励、唤醒和鼓舞学生。单纯的传授知识并不能成为教育全部的宗旨。

教育的宗旨是培养健全的人。知识积累的程度并不能完全说明学生的真正水准，就像成绩不能代表一切一样。在我们传统的教育理念中，教育很容易就落入成绩的窠臼，教师容易把成绩当成衡量学生能力和水平的唯一指标，所以才出现了一大批高分低能的学生，这是教育的弊病。如果要试图解决这一弊病，就要善于发掘学生的自主探究能力，让他们能够养成溯本求源的学习习惯，不被片面的知识影响，能够培养自己的问题意识，调动自己发现问题、解决问题的能力。这样，教育的宗旨才不会流于形式，教育才能真正落到实处。在这一过程中，教师要最大限度地培养、引导学生，用充满爱的课堂来使学生处于完全放松的状态，这样学生才会毫无顾忌地、大胆地说出自己的疑惑。正如别林斯基所言："爱应该是教育的工具，又是鉴别教育的尺度，而教育的目的是人道。"学生身心的健康发展是学校教育的根本，一切教学活动都要以学生为本，这是教学的规律，也是教育的主旨；只有遵循教学规律，才是获得教学实效、提高教学质量的根本，一切教学活动都不能违背这一根本；一旦违背，教育就成了一纸空文，甚至会背道而驰，那将是最失败的教育。

斯宾塞说："教育中应该尽量鼓励个人发展的过程。应该引导儿童自己进行探讨，自己去推论。给他们讲的应该尽量少些，而引导他们去发现的应该尽量多些。”这也是现代教育的基本教学规律。因为要遵循这样的教学规律，所以除了突出学生的主体地位，高度强调学生自主探究的能力外，教学过程对于教师的要求也就相应地提高了。因为教师的职责不再局限于单纯地灌输知识，他们要时刻引导学生，使课堂永远处在活跃的状态。因此，如果要保持这种引导行为，就要求教师对学生的心理状态进行很好的了解与把握；只有了解了学生的心理构成之后，教师才能在对的时间进行恰当的引导，才能使学生的思维得到好的体现。大教育家陶行知说过：教育不能创造什么，但它能启发儿童的创造力以从事于创造工作。教师教育儿童通过周围世界的美、人的关系的美而了解到精神的高尚、善良和诚实，并在此基础上在自己身上形成美的品质。这是教育目的的表现之一。教育技巧的全部诀窍就在于抓住儿童的独特性以及上进心，教师要有这种道德上的自勉。如果要是儿童自己不求上进，不知自勉，那么任何的教育者就都不能在他的身上培养出好的品质。可是只有在集体和教师首先看到儿童优点的那些地方，儿童才会产生上进心。所以，教师如果想要挖掘学生的上进心，就一定要先去了解学生的优点，真正做到启蒙学生的各方面优点。所谓“启蒙”，就是要求教师能够让学生开发蒙昧，使学生明白事理。

此外，教师还要在系统钻研专业课程的同时，广泛涉猎各种课外知识，为教学备足源头活水。因为儿童的世界充满了千奇百怪、缤纷多彩的事物，儿童处于一个各方面都急需开发的时期，他们还没有受到社会各种知识和思想的束缚，有着无穷的、丰富的想象力，所以教师能够更好地通过诱导尽可能地开发他们的想象力。这样对儿童智力和身心的发展都有很大的作用。

教师要以学生的学习能力提升为根本，用上善的知识、上善的态度、上善的方法，让学生具备可持续发展的源头活水。因此在流溪小学的课程改革中，“溯本求源”的理念便被提了出来。学校的各学科都实施博善教育，培养学生的学习态度、学习能力和学习行为等，让学生学会学习、爱上学习，并且能够快乐学习、有意义地学习。在博善快乐的课堂教学氛围中，实现师生携手、共同成长的美好期待。

(五)管理理念：精细亲和

流溪小学在学校管理方面坚持贯彻以人为本的理念，旨在树立学校管理服务于师生成长的管理宗旨，实现管理育人、服务育人的目标。学校围绕文化立校的发展目标，展开一系列管理工作，使得学校管理由制度管理向文化引领转型，从而以精细亲和的管理理念，引领学校的特色发展和品牌发展，实现教育典范的目标。

学校管理的根本目的就是促进和保障校园中的每一个人能够健康和谐地发展。“精细”是指精细化管理，注重细节，面面俱到，是一种非常科学的管理方法。学校是一个涉及学生、家长、教师以及社会多方关系的综合体，管理者在管理过程中必须要树立全局观念，事无巨细，要关注每一个处于学校大环境中的个体的发展。因此，针对这一特殊性，在实际操作过程中，学校首先要建立全面、规范、明确的管理制度，整体把关，全面把握，从细节入手，使得人人都管理，处处有管理，事事见管理，精心、细心地做好学校管理的每一步。

“亲和”即指亲切和蔼，有人情味，这主要是体现人本服务的工作作风和方式，是人本服务呈现的结果。学校是一个大的集体，在学校中，人是主体，围绕人的一切制度的规定，都要切实地考虑到人的实际要求和实际情况。学校教给学生知识，但更重要的是，学校给予了学生与人为善、助人为乐的机会，让学生意识到，做人远比做学问重要。流溪小学的校训就是“博通古今，善行天下”。所谓“善”就是亲和，学生与学生之间，学生与教师之间，教师与家长之间，学生与家长之间，管理者与被管理者之间，整个围绕学校展开的人际网络都要体现“善”的理念，也就是贯彻“亲和”的观念。这样，才会建立既有秩序又有人情的像“水”一样兼容并包的好学校。

所以流溪小学在学校的“水文化”引领下，将重理轻管，由管理型转变为服务型、引导型，以此构建服务型工作机制，这也正好符合我们国家“为人民服务”的理念。学校管理也能紧跟政府的脚步，努力做到为教师专业发展服务，为学生健康成长服务，为学校全面发展服务。

(六)校训：博通古今，善行天下

校训是广大师生共同遵守的基本行为准则与道德规范，它既是学校办学理念、治校精神的反映，也是校园文化建设的重要内容，是一所学校教风、学风、校风的集中表现；它承载了学校文化精神的核心和关键，是学校精神的精华的浓缩式表达。流溪小学顺应以水育人、水滋养人的文化理念，提出了“博通古今，善行天下”的校训，简称为“博善”。

“博通古今”指熟谙经史，通晓上至古代、近至当下的事情。即学校希望学生通过自己在学校的学习以及课外的阅读，能够提升知识库的存量，疏通古今历史的脉络，然后在疏通的基础上，举一反三，追根溯源，发散自己的思维，形成古今博通的状态。

“善行天下”指善行遍布天下，这是社会和谐的具体体现；同时“善行天下”也指行善者能够行走天下，实现人生的目标和生命的价值。善者，彰显人生的大智慧，能够释放出光芒，从而感染身边的人；行善之人，对于整个世界的和谐来说，都是不可多得的财富。只有整个社会的行善者和善行增加，社会的和谐才会得到保障。学校无疑是向社会输送行善之人以及善行最好的大本营。所以，树立“善行天下”的校训理念，就是把和谐社会、和谐人生的构建真正融入学校的教育教学实践，让文化引领人，让文化规训人，从而打开人人为善、世界和谐的良好局面。

校训号召流溪学子博览群书，通晓古今中外的知识，以善德、善能行走天下，从而实现社会的和谐和人生的崇高价值。任何事情都有一定的价值，人也一样，人生活于这个世界上，并不是单调乏味、没有生命光芒的。人是有思想的独特的个体，每个人都是独一无二的，每个人都有他的人生价值。人生价值是人生观体系中的一个非常重要的范畴。在一定意义上，人生的价值就是人生的意义，我们生活在这个世界中，一定不是无动于衷、一成不变的，我们始终在寻找和践行着的就是人生的意义。学校是对这种人生意义给予最初启蒙的地方，教师是把学生带到人生路上的第二任父母，教师通过评估每个人人生“价值量”的大小，就可以使学生理解人生的意义如何，进而理解人生意义的大小。

人生的价值量大小，是由人生价值目标的境界及实现程度来决定的。一个人的人生价值通常包含自我价值和社会价值两个维度。一个人只有满足了对人生价值的自我肯定，然后才能获得社会的认可。一个人的个人标准即他的个人价值就是真、善、美的标准，在人生领域，一个人以个人价值为中心，去衡量一切事物的是非、善恶、美丑。同时一个人以社会价值为中心，社会价值是真、善、美的标准，以此去衡量一切事物的是非、善恶、美丑。片面地侧重个人价值或者侧重社会价值，都是不够全面的，只有兼顾两种价值的共同作用，人的价值才能得到最完满的体现。所以，人生的价值也就是人生对于真、善、美的标准的践行。只有时刻以真、善、美的标准去从事人生的活动，人生才是有意义的，才是对他人有帮助的，世界才是和谐的。

要实现这种人生价值，过有意义的人生，就必须要求每个人树立正确的价值观，因为价值观是指引一个人生活并且发展的理念显现。只有树立真、善、美的价值观，与人为善，这种人生价值的实现才能得到保障。流溪小学着重强调"博善"教育理念，就是在号召学生要做博善通达的人，做对世界有贡献的人，做和蔼善良的人，并且通过一代一代对于这种博善观念的传递，使个体拥有有价值的人生，学校做有价值的教育。

列夫·托尔斯泰说："人生的价值，并不是用时间，而是用深度去衡量的。"人生如同故事，重要的并不在于有多长，而在于有多好。只有做善良的人，生命才是温暖的，给予世界的力量才是正面的、积极向上的。我们每个人的人生，都是一场意义非凡的旅程，生命的价值正是在跑好自己承担的这一里程中体现出来的。人的生命虽然有限，但人用生命所创造的价值，却可以与世长存。人与其他动物不同，人是有智慧、思想、感情、爱的，所以人不应该像走兽那样活着，而应该时刻追求知识和美德。正如哈代所说："人生意义的大小，不在乎外界的变迁，而在乎内心的经验。我认为人生的全部意义，在于精神、美和善的胜利。"

流溪小学提出“博善”的校训，就是要让学生做有知识、有美德的人，做全面发展的人，做完整的人，这是教育理念的精华，是学校精神的精粹。每一个在流溪小学的人，都应该向着善良前进，在书的海洋里做一个健全的、善良的人。

具体来说，流溪小学的校训，在以下方面体现出较强的校本性。

一是紧扣了学校的历史文化特性。水的博大精深，周恩来的博大胸怀，激发了流溪人不断追求博善人格的理想。“博通古今”是使学识博大精深的途径，也是实现博善理想人格的重要途径。它引导师生用知识丰富自己的生命，学会学习，不断发现知识。

二是体现了科学的儿童观。博爱每一位学生，鼓励、赏识每一位学生，相信每一位学生都会向善弃恶，健康成长，服务社会，实现教育的上善。为此，学校创造各种条件和机会，引导学生在实践探索中发现自己的天赋和才能，择善弃恶，成为对国家、社会的有用之才。

三是体现了科学的评价观。每位学生都有自己的独立人格、天赋和才能。校训表明教师尊重学生的独立人格，鼓励学生要有开阔的胸怀、远大的志向，能够择善人而交，择善事而为，择善言而闻，择善行而为，为国家做出最大贡献，并实现自身崇高的人生价值。

四是体现了较强的正面引导性。“善行天下”具有自我鞭策、鼓励的意蕴，又有训诫、激励、勉励的语气，充满积极向上的正能量，引导人，鼓舞人，认可人，让师生都能从中找到心灵的慰藉，获得成长和发展的动力。

(七)校风：阳光、进取

阳光是普照世界最美丽的源头，在光亮的包裹中，我们一往无前，向着梦的方向前行。没有了阳光，世界将堕入无底的深渊，灵魂得不到救赎，生命便只好哭泣，这是卑微的不幸，这是人世的劫难。因此，我们要追求光明，绝不放弃。

在自然的造化中，阳光象征着生命的给养，没有阳光的照射，生命就要陷入晦暗，生命就要戛然而止。有了阳光的照射，生命就变得灿烂明媚起来，生命就得以延续。在人文概念中，"阳光"是一种心态，是一种积极向上、乐观明朗的生活状态。阳光的人能够看淡生活中遇到的一切烦恼与困苦；阳光的人能够时时刻刻自我激励，向着光明的前方奋斗拼搏；阳光的人能够在最黑暗的日子里依旧心存希望，坚持不懈。同时，阳光的人还能随时向周围的人输送能量，帮助他们走出人生的困境。阳光是一种心态，更是一种难能可贵的品质，是人生的财富。

对于一所学校而言，阳光、进取的校风，有较好的文化意象。在教育理念中，阳光的校风观念，就是要学生能够拥有积极开朗的心态和充满青春活力的精神面貌，能够豁达地对待身边的人和事，能够时刻充满希望地面对人生的顺境和逆境。

"进取"是一种行为，指努力上进，力图有所作为。人生不是一成不变的，也不是停滞不前的。每个人每天每时每刻都在成长，我们不能用一成不变的状态去应对人生，而要时刻培养积极进取的精神，在各方面充实自己，才不会被社会淘汰。因此，进取是一种力量，催人奋进，使人勇往直前。流溪学子要有敢于面对挫折、困难的乐观精神，这也体现了流溪小学教育观念中快乐健康、团结和谐、积极进取的精神风貌。这种良好的文化意象后面是流溪小学和谐、美好的博善教育生态。

(八)教风：博爱、善导

爱是世间最美的情话，是最长久的陪伴，是沧海桑田、山崩地裂之后依然笑靥灿烂的自然造化。在爱的怀抱中，人们紧紧相拥，互诉衷肠。教育是爱浇灌出的丰硕果实，博爱是一种期望，更是一种交流手法；在博爱充溢的水墨校园中，教育乘风破浪，展翅翱翔。

博爱、善导的教风，是对流溪小学教师教学风格、风气的高度概括。"博爱"指有教无类，就是广博的爱，是平等的爱，是没有等差的、没有级别的爱，是学校对教师知识、师德方面的要求和概括；"善导"指因材施教，就是要求教师善于诱导，好好引导，是对教师教学方法、教学艺术方面的要求和概括。流溪小学教师敬业爱生，有教无类，以博大的情怀、精深的学识引导、培育一代代新人。

博爱的“博”字，就是对教师专业知识的要求。爱岗敬业、关爱学生既是教师职业道德的基本要求，也是高效完成教学任务的重要保证。因此，博爱也是流溪小学对教师职业道德的规范性要求，是教师专业精神的体现。

善导，是流溪小学教师的教学方法、教学态度以及教学艺术的善。现代教育要求教师在教学过程中，要减少单向灌输的“教”，不断改进教法，科学引导学生。流溪小学的博善课堂，善于引导学生去探索和思考，提升学生的学习能力，使学生学会学习，爱上学习。

(九)学风：乐学、善思

《论语》言：“知之者不如好之者，好之者不如乐之者。”人生在世，唯乐足以忘忧，快乐是生活最好的批注。在快乐的情绪感染下，一切都显得无比生动，生命的舞姿才会曼妙迷人，风情万种。人生的意义如此，教育也不例外。孩子是生命最朝气蓬勃的体现，快乐是孩子的天性使然，提倡乐学、善思的学风是顺遂天性的最好表达。

乐学、善思的学风体现了流溪小学学生在学习过程中所表现出来的精神风貌，体现了学生的学习态度和学习风气。“乐学”即好学，快乐地、主动地学习；“善思”即善于思考。“学而不思则罔，思而不学则殆”，好学，善思，两者不可偏废。同时，善，也是善良的意思。善良是人的美德，也是人性最基本的东西。流溪学子乐于学习，善于思考，善于探索，能怀着善良感恩之心，对待人生中的每一个人、每一件事。同时还要严格要求自己，不断超越自己，志存高远，追求上善，做个善良、有思想之人，成为博通古今、善行天下的有用之才。

(十)学校口号：博善流溪，永创第一

口号是一种特殊的文化载体，有特殊的导向功能。“博善流溪”体现了全体师生对学校博善文化、善行天下等精神文化的高度认可，体现了全体师生对学校教育理念和校园博善生活的高度认可。通过对这个口号的运用，学校可以使师生形成对于学校良好的归属感。

“创”是指开创，敢为人先、敢于探索的精神状态。“永创第一”体现了全体师生对学校发展历史的总结和评价，更体现了全体师生对学校及师生未来发展的期盼。因此，“博善流溪，永创第一”是学校主流价值观的取向、表达、传播和体现，对师生思想、行为具有积极的导向作用。喊出这句口号，学生能够获得极大的归属感和荣誉感。这句口号能够振奋师生的精神，使他们获得成长的精神动力。

文化是一种超越自然环境的局限、超越个体生命的局限而存在的东西；文化一旦成为一所学校的核心竞争力，便可以在时间上延续，在空间上扩散。“水文化”是“博善”教育理念及操作体系的源头，让师生成为如水之人，实现个性化成长，是流溪小学一直以来的不懈追求。在不断深入的研究与不断推进的实践中，流溪小学逐渐成为一所品牌学校。

历百年风霜，初心不改；走万里征程，从头跨越。优越的地理位置、优美的自然风貌、悠久的历史发展、幽深的文化内涵使来历不凡的流溪小学教而优，学而优，其精神高度和教育追求自然也是非比寻常的。如今的流溪小学，就像一位意气风发的少年，时时励精图治，处处发扬蹈厉，以青春不老的情怀，向着美好未来扬帆启程。

第二章

善为渡舟　孜孜以求
——“博善”之教育追求

春天，东风温柔地吹动你的树干和花枝，落下一地俊俏的叶片和美丽的花瓣；秋天，阳光和暖地照耀你的楼群，映照着孩子们奔逐跳跃的身影和灿烂如花的笑脸。在一年四季的时光流转中，幸福的校园生活，熔铸于孩子们的记忆中，沉淀在孩子们的心田中。

临水而生，因水而成，从 1906 年建立的欧萧合馆，到 1943 年更名的门口江小学，再到 1959 年定名的流溪小学，作为一所和水结下了不解之缘的学校，流溪小学坚持以水为师，以水为范，学习水的博大和慈善，并在办学过程中贯彻水的风范，体现水的特色。

“上善若水，水善利万物而不争。”说到水，流溪人马上想到的便是老子的这句话。孕育生命、包容万物、长流不涸、经久不息的水是善的代名词，是至善之美道的化身。在流溪小学的“博善”文化体系建构中，如水一般的善就像从此岸渡人到达彼岸的船舟，被流溪人孜孜以求。因为至高无上的善德与善行，积厚流光，像种子一样播撒在学子心灵的土壤中，并从此伴随学子的成长。这样他们就能够把幸福装满船舱，将船驶向梦想的彼岸。

第一节　积厚：上善若水——学校的教育理想

《荀子·礼论》曰："故有天下者事七世，有一国者事五世，有五乘之地者事三世，有三乘之地者事二世，持手而食者不得立宗庙，所以辨积厚者流泽广，积薄者流泽狭也。"积厚流光一词便出自此处。所谓积厚流光，指的是积累的功业越深厚，流传给后人的恩德越广博。虽然荀子之说针对的乃是国家主体，但对于一个民族、一个地区、一个家庭来说，何尝不是如此。同样，对于一个地区的教育事业，对于一所学校的发展而言，厚积才能薄发，积厚自然流光。

一、播下善的种子：教育必须着眼于未来

"太阳当空照，花儿对我笑。小鸟说：'早，早，早，你为什么背上小书包？'我去上学校，天天不迟到。爱学习，爱劳动，长大要为祖国立功劳。"这是很多人都耳熟能详的一首儿歌，熟悉的旋律，唱响在孩子们的心中，也回荡在一代人的记忆中；而活泼快乐的歌词中却包含着教育面向未来的规律和真理。

"教育：必要的乌托邦"，这是联合国教科文组织国际 21 世纪教育委员会提出的命题。"必要的乌托邦"意味着教育者必须具有一种着眼于未来的品质，教育者必须具有一种着眼于未来的精神。波兰教育哲学家苏科多斯基说得好："着眼于未来的教育表达了这样一种信念：目前的现实不是唯一的现实，因而不能构成教育的唯一要求。着眼未来的教育精神超越了目前的范围，以共创明天的现实为目标。""必要的乌托邦"还意味着，在人们越来越受现实功利羁绊，越来越被实利主义限制了生命意义的拓展之时，由于教育体现着对人类生活最高境界的诉求，保留了对于超越实利的、非功利的价值的追求，人们至少还可以寄希望于教育在现实的病态和畸形中保持警觉，教育会对人的纯功利冲动起到平衡和矫正作用。面向未来的、面向远方和诗歌的"必要的乌托邦"还意味着，

教育是追求真、善、美的事业。正是基于人类对真、善、美的理想和热情，乌托邦才能作为一种牵引人类前进、促使人类迸发出创造热情的巨大力量在人类社会和人类事务中发挥作用。

(一)善：作为一种教育理念

人把从个别事物中抽象而得的普遍概念加以绝对化，并把它说成是事物的原型。这就是理念，理念一方面是客观事实的本质性反映，是事物内性的外在表征；另一方面是人的理性化的想法、理性化的思维活动模式或者理性化的看法和见解。所以，《辞海》对“理念”一词的解释为：“译自希腊文 idea。通常指思想。”一般情况下，理念通常指思想，即人类以自己的语言形式来诠释现象中的事与物时，所归纳或总结的思想、观念、概念与法则。

著名美学家朱光潜曾以人们对于一棵古松的三种不同态度来打比方，说明人对于同一样事物，会有真假、善恶、美丑的不同看法。

关于一棵古松的三种不同态度

假如你是一位木商，我是一位植物学家，另外一位朋友是画家，三人同时来看一棵古松，我们三人可以同时都“知觉”到这一棵树。可是三人所“知觉”到的却是三种不同的东西，你脱离不了你的木商的心习，你所知觉到的只是一棵做某事用值几多钱的木料。我也脱离不了我的植物学家的心习，我所知觉到的只是一棵叶为针状、果为球状、四季常青的显花植物。我们的朋友——画家，什么事都不管，只管审美，他所知觉到的只是一棵苍翠、挺拔的古树。我们三人的反应态度也不一致。你心里盘算它是宜于架屋或者制器，思量怎样去买它，砍它，运它。我把它归到某类某科里去，注意它和其他松树的异点，思量它何以活得这样老。我们的朋友却不这样东想西想，他只在聚精会神地观赏它的苍翠颜色，它的盘屈如龙蛇的线纹以及它的那股昂然高举、不受屈挠的气概。

真假、善恶、美丑的三种态度究竟有什么分别呢？

探究真假的态度是科学的态度，它纯粹是客观的、理论的。所谓客观的态度就是把自己的成见和情感完全丢开，专以“无所为而为”的精神和抽象的思考去探求真理。科学家要在这个混乱的世界中寻出事物的关系和条理，纳个物于概念，从原理演个例，分出某者为因，某者为果，某者为特征，某者为偶然性。植物学家看古松的态度便是如此。

追求善恶的态度是实用的态度。在实用的态度中，人们的注意力偏在事物对人的利害，心理活动偏重意志。

感受美丑的态度是最没有用处的。科学家的目的虽只在辨别真伪，他所得的结果却可效用于人类社会。美的事物如诗文、图画、雕刻、音乐等都是寒不可以为衣，饥不可以为食的。从实用的观点看，许多艺术家都是太不切实用的人物。

在朱光潜看来，实用的态度以善为最高目的，科学的态度以真为最高目的，美感的态度以美为最高目的。在实用的态度中，我们的注意力偏在事物对人的利害，心理活动偏重意志；在科学的态度中，我们的注意力偏在事物间的互相关系，心理活动偏重抽象的思考；在美感的态度中，我们的注意力专在事物本身的形相，心理活动偏重直觉。当然，真、善、美都是人所定的价值，不是事物所本有的特质。离开人的观点而言，事物都浑然无别，真假、善恶、美丑就毫无意义。真、善、美都含有若干主观的成分。

在真、善、美三种价值中，朱光潜最推崇的是美的价值。他认为，美虽然没有任何实际的用处，但因为人性本来是多方面的，需要也是多方面的。具备真、善、美三者的人才可以算是完全的人。人性中本有饮食欲，渴而无所饮，饥而无所食，固然是一种缺乏；人性中本有求知欲，没有科学的活动，本有美的嗜好而没有美感的活动，也未始不是一种缺乏。真和美的需要也是人生中的一种饥渴，一种精神上的饥渴。疾病、衰老的身体才没有口腹的饥渴。同理，我们遇到一个没有精神上的饥渴的人，就可以断定他的心灵已到了疾病、衰老状态。照这样看，我们可以说，美是事物的最有价值的一面，美感的经验是人生中最有价值的一面。

“培养德智体美全面发展的社会主义建设者和接班人。”这是《国家中长期教育改革和发展规划纲要(2010—2020年)》指导思想中对学校教育人才培养目标的表述，其中道德要求居于首位。

道德是调整人们之间及个人同社会之间的行为规范的总和。它以善和恶、正义与非正义、公正和偏私、诚实和虚伪等为行为规范，通过各种形式的教育和社会舆论的力量，使人们逐渐形成一定的信念、习惯、传统而发生作用。《中庸》言：“天命之谓性，率性之谓道，修道之谓教。”《周易》言：“天地之大德曰生。”换句话说，道是自然规律，是人与生俱来的生命本性；德就是对道德规律的遵循，对生命的呵护与尊重。

对流溪小学的师生而言，教育就是要导向真、善、美的完满人性，教师要引导学生学会探究真知和真理，追求善德和善行，感受快乐和美好。但办学校、做教育是一件实际的工作，需要一点一点投入，一点一点去做。所以对待教育教学工作，教师必须采取实用的态度。由此，“善”成为一种教育理念，引领流溪小学师生不断发掘德性，不断实践德行。

流溪人认为，每个人在成长过程中，在不同阶段接收、学习、储存不同的知识，这是水到渠成的收获。但学校的价值仅止于此吗？在时间推移逝去后，学校更应该留给学生的是积极上进的求知心、时刻律己的自省心，还有一颗能够感知爱、愿意传递爱的温暖之心。这一切，都是学校德育工作所应该完成的目标。

德育是促进学生道德发展的教育，即对学生进行道德理想、道德原则、道德规则的教育，从而激发学生的高尚行为，指导学生做出正确行为，约束学生的不良行为。德育的任务包括发展学生的道德认识，陶冶学生的道德情感，培养学生的道德行为习惯三个相互联系的方面。与通常的知识教育相比较，道德教育具有广融性、同时性、多端性、重复性、强烈实践性和渐进性等主要特点。

经过深入的学习和研究，流溪人还形成了这样的德育观，他们认为道德首先是人们与生俱来的天性。毫无疑问，诸多教育家也抱持这样的观点，意大利教育家蒙台梭利认为：人的第一意识不是后天给予的，而是先天存在的；儿童存在着与生俱来的内在生命力或内在潜能。这种生命力即“天性”，是积极的、活动的、发展着的存在，具有无穷无尽的力量。

我们无须在孩子的头脑中植入灵性的种子，因为它本来就存在于那儿了；我们需要的是，给这粒种子灌溉和施肥，让它绽放，结出果实。流溪人对此有深深的认同，即教育应当以人的天性为前提，顺应儿童的天性，应当采择符合儿童天性的内容并以适当方式传递给儿童。在人与教育的互动中，应当改变的不是人的天性，而是教育自身。教育应当不断改变和调适自身，以使自身适合人的天性之表达和成长的需要。因此，学校把“水品育人”作为德育理念，把“善行天下”作为校训，以爱、信任、尊重、宽容、智慧为引领，开展了一系列符合学生天性的德育工作，以呵护天性为前提，引导学生养成良好的行为习惯。

任何一种教育都不可能完全地适应对方的天性，一定是在顺应教育对象天性的基础上顺势而为的。因此，流溪人探索了诸多道德教育的方法和技巧，如正面疏导的方针，传授道德知识和总结受教育者的道德生活经验相结合，个人示范和集体影响相结合，榜样激励和舆论扬抑相结合的方法等。但所有的教育工作者都一致认同的是，德育的出发点和落脚点都是爱。爱是人性的基点，也是教育的起点，尤其是德育的起点。

学校的课程实施、课堂教学主要涉及知识教育，同时也渗透道德教育。主要的道德教育工作是在班级建设和班级管理中完成的，班主任成为学校德育工作的主要中介。班主任是学校中全面负责一个班级学生的思想、学习、健康和生活等工作的教师，是一个班级的组织者、领导者和教育者，也是一个班级中全体任课教师教学、教育工作的协调者。为了抓好道德教育，流溪小学弘扬师德教育，贯彻落实我国《中小学班主任工作规定》对班主任任务所做的明确规定：采取多种方式与学生沟通，有针对性地进行思想道德教育，促进学生的全面发展。

水光潋滟，源远流长。善，在中国文化中，原本是一种道德范畴，是一种伦理实践方面的社会价值追求。作为一所在水边生长的学校，流溪小学在悠久的历史发展中积淀下独特的文化。在学校文化理念和教育价值追求上，流溪小学得天独厚地以“水”为先，博善相辅，并由此形成了独特的“水文化”学校特色以及由“水”衍生而来的“博善”教育理念。其中，立德树人，德育为先，在“水文化”的滋润下，流溪小学师生交流互动，活泼生长，教师的温润指导、学生的身体力行共同打造了流溪小学水映日月般和谐唯美的教育图景，协力培育了流溪小学水意充盈、丰厚肥美的教育沃土。在这幅图景中，善是永恒的主题；在这片沃土上，善是饱满的种子；在流溪河水的粼粼波光映照下，善是渡舟，载着教师与学生，驶向更美好的明天。

(二)水那无声的力量：教师要成为学生的榜样

“好雨知时节，当春乃发生。随风潜入夜，润物细无声。”水润万物，泽被天下，天地之间的一切生命存在和延续都离不开水的润泽。离开了水，即使是人类，也只能哀怨着走向毁灭。离开了水，世界将陷入僵局，生命将不复存在。以水之性来贯穿教育，体现了流溪小学独特的顶层文化，在“水”的激励下，发展“博善”教育理念，更是体现了几代人探索教育、创新思维的决心和努力。理念，从最简单的两个字，到一系列的解读，再到真真切切、稳扎稳打的实践，反映了学校文化的成长之路。流溪小学以“博善”为主导，提倡“博通古今，善行天下”的教育理念，打造了一个独特的水墨校园。

教师，是学校教育理念的落实者；教师对学校教育理念的认同和落实，是学校特色建设的关键；只有教师的专业化发展才能为学校的特色发展奠定坚实的基础。在流溪小学美丽的水墨校园里，教师是落实“水品育人”“善行天下”教育理念的主要力量。为了在理论上不断深化对“博善”教育理念的认识，在实践上不断扩大博善教育、水品润泽的成果，流溪小学以教科研促进教师的专业化成长，为生本教育的实施奠定了坚实的人力资源基础。

为了与学生之间传递爱和幸福，流溪小学的教师把教科研视为自己的本职工作，对于科研的热情与日俱增。大家明白，教育是一件需要与时俱进、不断更新自己的学科知识和教育方法才能减少差池的事业。因此，教师必须紧跟时代的步伐，善于在最短的时间里最快速地充实自己，更新自己，让自己永远处于教育的前沿地带，在科研工作中把握方向，推陈出新，善于改革创新，而不是停留在最开始、最落后的地方吃老本。科研能力的高低就决定了教师业务能力水平的高低，只有不断钻研，不断尝试，不断改革，不断创新，教师才不会被时代淘汰，也不至于在教育教学中陷入被动，从而影响学生对于最新知识、最新方法的接收。因为教师的专业素养直接决定了他所教授的学生接收知识的兴趣和状态，好的教师会激发学生自主探究，并与教师合作探究的兴趣；而固守陈旧模式的教师则无法满足学生的这一诉求，久而久之便容易使得学生丧失对本门课程的学习探究的兴趣，从而造成失败的教育。

在对教师的要求中，一位合格的、让人认可并令人敬佩的教师必须具备一定的教师职业素质。所谓教师职业素质就是指教师在从事教育劳动过程中形成的比较稳定的道德观念、行为规范和道德品质的总和。它是调节教师与他人、教师与集体及社会相互关系的行为准则，是一定社会或阶级对教师职业行为的基本要求。教师职业素质主要由教师职业理想、教师职业责任、教师职业态度、教师职业纪律、教师职业技能、教师职业良心、教师职业作风和教师职业荣誉这八个因素构成。这些因素都能从不同方面反映出教师职业素质的特定本质和规律，同时又互相配合，构成一个严谨的教师职业素质结构模式。我们一般所说的师德是教师职业素质的核心。师德主要是从教师的人格特征中显示出来的，历代的教育家对师德都提出过一些要求。例如，“为人师表”“以身作则”“循循善诱”“诲人不倦”“躬行实践”等，这些既是师德的规范，又是教师良好的人格特征的体现。师德是一切教育工作者在从事教育活动中必须遵守的道德规范和行为准则，同时还牵涉与之相适应的道德观念、情操和品质。但是师德并不是指规范、准则本身，而是指教师如何把这些规范、准则逐步内化，从而成为教师从事教育事业的准则。在学生心目中，教师是社会的规范、道德的化身、人类的楷模、父母的替身。他们都把师德高尚的教师作为学习的榜样，模仿其态度、情趣、品行乃至行为举止、板书笔迹等。因此，可以说师德比教师文化素质更为重要。师德才是教师的灵魂，是教师人格特征的直接体现。

模仿是孩子的天性，因此教师树立良好的榜样，对于适应孩子的这种天性来说是非常重要的事情。教师能够用温柔和蔼的态度感染学生，那学生在以后的人际交往中也会主动发扬这种“善”的风格，为人善良，与人为善。同时，教师也要在学生心里树立知识的大熔炉的形象，让学生对教师产生崇拜之情、敬慕之情。这样，他们也会沉浸在书的海洋里，因为教师的博学激发了学生的这种学习的兴致，他们会立志做像教师一样博学的人。这体现了“博”的理念，学生博通古今，在知识的王国里纵横捭阖，有书生意气。

博者，通古今之文法；善者，明天下之至理。教育是与时俱进的，“博善”的理念要求教师紧跟时代的步调，不断创新，不断探索，以一副新的面孔面对新世界的一切元素。教育科研是促进学校改革和发展的第一生产力；教师从事教育科研必须与教育教学工作实际紧密联系，这样才能有效地提高教育教学质量；教师参与教育科研是提高自身素质、由经验型向科研型转变的捷径；同时科研能力也是21世纪教师必备的素质。现代教育要求教师不仅仅要凭多年积累的经验，也不仅仅要凭熬时间、拼体力，而要更多地依赖科学的决策。教育科研之所以在现代教育中占有如此重要的地位，取决于两个重要因素：一是教育与社会的关系越来越密切，教育要为社会发展服务。这样教师就要对教育的规模、教育的目标、制度、内容有一个科学的认识和决策。二是科学技术迅猛发展，人类知识成倍增长，这使得传统教育模式难以适应新的要求。因此，学校要适应素质教育的需要，培养具有创新意识和创新能力的高质量的人才，就必须确立教育科研的先导地位，对学校的教育教学内容、教育教学模式、教育教学方法和教育教学管理等方面进行全方位的改革。

(三)做好科研传承人

“博善”教育理念光辉四溢，渗透在流溪小学校园的每一个角落；“博通古今，善行天下”，生命遵照这样的规律运行，斑斓的世界不再是种想象，生命的价值在岁月的催促中流淌。生命诚可贵！每一个生命都本应是灿烂的，在成长的道路上，每一步都是一种历练、一种财富、一种累积；走好每一步，让个人价值在奉献中升华，在升华中收获，才无愧于生命的意义！教师在工作中有鲜花与汗水，在从教生涯中有欢笑，有失落，有掌声，有泪水……但这份芬芳的工作依旧用它神奇的魔力吸引着很多人，使他们愿意搭付自己的青春与激情。作为时代变幻的晴雨表，科研工作自然不能停留在一个地方，它需要时刻被注入新的活力，需要教师不懈进取，孜孜以求，每每于日常的工作中展开新的探索与研究。

在流溪小学中，潘健辉校长亲自担任科研的领头人，科研在教师中蔚然成风。教师在学习中实践，在实践中积累，在积累中收获，在收获中愉悦。科研就像一片肥沃的土地，滋养着教师，督促着教师，让他们时刻紧跟时代的脚步，不落伍，不落后，不闭塞，不愚昧。

从踏上讲台那一刻开始，潘培英老师对于科研的认识已经历经了20年的岁月磨炼。

懵懂出茅，在茫然中初识

我于1997年7月毕业，从此走上了三尺讲台，成了一名真正的教师，才体会到做教师的不易，做优秀教师的难。尽管在讲台上的我充满自信，有爱心，不怕输，但现实却和自己开了一个玩笑。尽管自己全心工作，成绩却不令自己满意。我觉得很迷茫，甚至有些不知所措，想想自己付出了热情、爱心和

图2-1　潘培英老师

汗水，为什么还是没得到自己预期的结果？

我反思自己，向老教师请教方法，调查学生找原因，真正明白了“理想很丰满，现实很骨感”。于是，我开始了一系列的听课，钻研教材教法，努力寻找适合自己的教学模式。听到别人做科研，我总是在想：科研工作应该是“专家”去做的工作，我们只要把课上好，让学生能在同学科的考试中名列前茅就是一名好教师，我对教科研可谓一知半解。

记得第一次接触课题是在2003年，学校轰轰烈烈地进行了一个“让学生学会创新学习”的课题研究。迫不得已，我被分到“培养学生创新思维”小组。说实话，当时我还不知道课题是怎么回事，心想反正是学校的任务，交差了事。尽管感到力不从心，我还是到处借找了一些教育理论专著以及优秀的教育教学刊物，从中摘抄、积累与自己小组相关的资料与信息。在课堂上，我让学生紧紧跟随着自己的执教思路思考、领悟。通过一年的实践与探索，学生更爱课堂，更爱语文，自己执教班级的成绩也有了明显的提高。我更没想到“无心插柳柳成荫”，我撰写的论文《试论低年级学生创新思维的培养》在从化区论文评比中获一等奖。这对于初入教科研之门的我来说是一种莫大的鼓舞，也第一次尝到了科研的甜果。这更是激励与鞭策我不断向前的动力，让我学会了从困惑中找问题，从问题中寻方法。就这样，我在懵懂茫然中走进了教科研。

锐意进取，在实践中发展

课题研究帮我跨出了第一步，至少我开始有了自己的一点点思考。

人生因进取而富有，因开拓而充实！从2003年到2009年，作为一名青年教师的我，积极投身于新课程改革浪潮，努力创新教育理念，大胆革新教学方式，精心设计每个教学环节，灵活组织课堂教学内容，想方设法将枯燥无味的语言文字讲述得栩栩如生、灵动有趣，让学生深受教育和启发。我常常想：教学的难点不在于灌输知识，而在于培养能力；教师讲得再多、再好都是有限的，而学生触类旁通，吐故纳新，自己悟出来的知识才是无限的。正是基于这样的一种教学理念，经过多年的积累、思考和探索，2009年，我创造性地将“研究性学习”引入课堂教学，注重教学与课程整合、课程与课堂的开放生成，形成“以人为本，一切为了学生发展”的育人理念。我通过让学生积极主动地动脑、动手、动口，培养了学生的自主意识、创新精神和实践能力，取得了“生动、活泼、扎实、创新”的教学成效。在这种教学理念的指导下，我培养的学生成绩优秀、自强自信，格外乐观向上，得到家长和上级领导的广泛赞誉。

科研引领我快速成长。2011 年，我有幸加入流溪小学这个大家庭，边适应新环境，边积极参与从化区级课题“有效指导学生课外阅读的实践研究”。做课题研究，少不了要上公开课，磨课。做公开课，是让所有教师最头疼的事，教师认为那样很折磨人，不仅耽误进度，还很费神。为了快速成长，我积极承担区的语文教研活动，在 2012 年从化区教法研讨时，我执教了“少年闰土”；2011 年和 2013 年，我主动承担两节网络教研课“圆明园的毁灭”和“走进安徒生童话·读书交流会”，坚持抓好新课程理念的学习和应用。在学校中，我认真上好每人每学期一节的研讨课；2013 年年初，作为“广州市名班主任郑永强工作室”的学员，我积极肯干，探索教育教学规律，充分运用学校现有的教育教学资源，大胆改革课堂教学；2014 年，我把活动式班会课“团结合作 成功在握”送教到鳌头镇桥头小学，受到与会领导和教师们的一致好评！

一次又一次的磨课让我明白：每一次展示，重要的不是展示的那节课，而是准备的过程。在专家与同行的指导和帮助下，通过一次又一次实践、反思、再实践、再反思的过程，我对课堂的理解、对教学的认识也随之逐步提高与升华。

在研究课题的同时，我还注重教学实践和教学反思相结合。每讲完一节新课，我都认真反思教学中的得与失，看看这节课哪些内容的选择、哪些环节的处理比较成功，哪些方面做得还不够，如何补救才能达到更好。我及时将这些记下来，整理成文。

善于总结，在发展中显特色

力争做一名学者科研型的语文教师是我的不懈追求。2013 年，我积极参与区级课题“以‘博阅’提高小学生课外阅读有效性的研究”。作为一名年轻的教师，我深知科研工作是教学的基础与保证。因此，我在认真完成日常教学与班级管理工作的同时，克服学校缺少相关科研设施等多种困难，及时更新自己的专业知识，关注学科发展的前沿动态，努力提高自己的科研能力和业务水平。我潜心研究语文课堂教学理论，以教带研，以研促教，教研相长。工作之余，我阅读了大量教育教学理论方面的书籍，如《激情教学法漫谈》《有效教学论要》等，还观摩学习了多位全国著名特级教师的示范课及专题讲座，认真阅读他们的专著，并总结、归纳、汲取经验；我还多次到各地去参观听课，潜心揣摩同行们的教法，博采众长；回来后，我根据自己学生的实际，尝试分阶段地进行“如何有效地在阅读教学中拓展作文训练”“如何提高语文课堂的有效性”“怎样快乐作文”等语文教学的研究，并取得喜人的教学效果。经过多年的摸索和实践，我逐渐形成具有个人特色的现代教育教学风格。

面对这些在别人看来也许是微不足道的成绩时，我感觉到了自身的提升，我品尝到了成功的喜悦，也更加坚定了在科研道路上渐行渐远的信心。

雨露滋润，在成长中收获

春华秋实，天道酬勤。在科研的道路上，我快速地成长着。我在课题、论文等方面也取得了一定的成绩：到目前为止，我参与研究的市级课题一项、市“十一五”规划课题两项都已顺利结题，研究成果均在课题成果评比中获奖。我付出的是一滴滴的汗水，然而在雨露的滋润下，收获的却是一份份沉甸甸的果实。

回顾18年来的点点滴滴，洋溢在我心中的滋味是咸咸的，却又是甜甜的，不是吗？看！那累累的果实正是我辛勤耕耘的最好见证：2000年获“从化市优秀教师”称号；2008年获“广州市优秀班主任”称号；2012年是“诗润南国”优秀辅导教师；2012年是“小学语文优秀青年教师”；2012年、2014年是广州市“课外阅读”优秀指导教师；2013年至今是广州市名班主任郑永强工作室学员。

论文《挖掘文本资源 飞扬习作个性》被收入《中国教育实践与研究指导全书》2012年6月第一版；《挖掘文本资源 放飞习作灵性》在2011年全国第六届“园丁杯”优秀教科研成果评比中获一等奖；《小组“会”合作灵动更高效》在2001—2011年中国基础教育课程改革10年教学成果大赛中获二等奖；《关注小组合作，让语文课堂“动”起来》发表在国家级《现代教育》2008年第5期上；论文《论低年级语文的创新思维的培养》在2007年发表在国家级《现代教育报》上；论文《课外阅读 语文天地的一处活水——浅谈如何有效指导课外阅读》在2012年获第八届全国中青年教师(基教)论文大赛二等奖；《挖掘文本资源 放飞习作个性》在2011年广东省小学语文阅读教学研究论文评比获三等奖；《威尼斯的小艇》在2011年广州市多媒体教育软件评奖中获小学组课件三等奖；《张扬个性，还学生自由的空间》在2010年从化市“有效教学反思”评比中获二等奖；《从生活上出发 在活动中感悟》获2009年从化市有效教学论文三等奖；《想象 让阅读教学更精彩》发表在《从化教研》上。

2009年在青年教师阅读大赛中获得二等奖和最佳教学手段奖；教学案例《有效引拨 读中激情——〈圆明园的毁灭〉教学案例片段及反思》在2012年从化市“构建学习型小学语文课堂”活动中获一等奖；论文《巧抓练点 回归扎实灵动课堂》在2013年从化市小学语文优秀论文评比中获一等奖；教案《十六年前的回忆》在2013年从化市小学语文优秀教学设计评比中获二等奖；微课“圆明园的毁灭”在2013年广州、佛山、日照、株洲四市中小学“微课”作品征集活动中获广州市三等奖；在2013年“中国梦·园丁美”广州市中小学青年教师教学基本功和技能竞赛中获一等奖；教案《走进〈安徒生童话〉》在2014年广州市中小学阅读指导课优秀教学案例评比中获二等奖；在2014年从化市小学语文主题课外阅读成果评比中获二等奖；2004年上的从化市研讨课“四个太阳”，得到听课教师和领导的好评；在2011年“百校扶百校”活动中上的网络教研课“圆明园的毁灭”获得同事和上级领导的赞赏；2012年上的从化区公开课“少年闰土”取得很好的效果；2014年把辅导式班会课“团结合作成功在握”送教到鳌头镇桥头小学，受到与会领导和教师的一致好评！

……

一分耕耘，一分收获，在科研的道路上，我付出的是辛劳和汗水，而我收获的却是一份份充实！

这些成绩的取得都得益于我的科研。没有科研，我不可能深入思考一些问题，自然写不出较高质量的文章。每一个课题研究的结题，每一篇论文的获奖或发表，都给我带来成功的喜悦。我体会到自己在专业成长中的乐趣。我要感谢“科研”，是科研让我的语文教学更加富有生机、活力。一路走来，很庆幸有科研的陪伴，我将沿着这条路，不懈追求，在三尺讲台上演绎语文教学的无限精彩！

成果沉淀，在启发中思考

科研，让我不断地学习；科研，让我的课堂焕发出生命的活力；科研，提升了我的生命质量。通过科研，我的精神充实了，能力增强了，工作的效率提高了。当今，素质教育全面展开，许多崭新的教育思想在闪烁，全新的教育理念在涌现，多元的教育模式在碰撞。我作为一名教师，必须朝着专业化方向发展，在专业精神、专业知识、专业能力、专业理论及专业意识等方面不断完善，用自己的热情、毅力和智慧全身心地投入科研。为了学生的发展，为了教师的发展，为了学校的发展，为了社会的发展，去谱写生命的乐章，去寻找教育教学的曲径通幽之处，增添一抹亮色，成就人生的精彩！

昨天，我在科研中起步；今天，我在科研中充实；明天，我将在科研中圆梦！让科研助我成长，让生命在科研中绽放光芒！

（潘培英）

潘培英老师的成长告诉我们，要更好地促进教师素质和教育质量的提高，就必须开展科研工作。科研工作能揭示教育现象的本质和客观规律，能为当前的教育改革提供科学的依据和理论指导，能使教师探索出实用有效的教育教学之路。开展科研工作既是教育事业发展的需要，也是教师自身素质提高的需要，是教师实现自我价值的需要。

（四）做好科研"潜伏者"

所谓"博善"，就是告诉我们知识没有高低，智慧都能照亮人生。但是，时代是不停留脚步的，它跟着时间的步伐一步不停地行走，同时也要求人们一定要集中精神，要不断进步，不要在新时代的光辉队伍中掉队。近年来，从化区与时俱进，在区教育局、科研室等的高度重视下，学校红红火火地开展了科研工作，掀起了一股热潮，培养了很多优秀的教育者。"科研兴教"的口号一经提出便掀起了教师们的巨大参与热情，学校也积极响应号召，领导们身先士卒，带头参加科研，教师们紧追其后。潘慧群老师回想自己"潜伏"进讲座会场的情形会忍不住感慨，当时做科研确实有股子拼劲。就这样，流溪小学浓厚的科研氛围像广阔的沃土一样让每一位教师一旦发芽就可生根并茁壮成长。

细心勤耕作

有目标便会有行动，行动证明了我的决心。在"科研兴教"口号的感召下，我也加入了科研的队伍。我开始默默着手准备自己在教育教学实践中要研究的小课题。为了更好地把握教育科研的方向、方法，我总是调课抽时前往聆听区科研室开展的教育科研讲座，甚至"不符合身份"时也"潜伏"挤进去"盗听"学习。有了更多的认识，有了明确的方向，我便拟定了自己的教育科研小课题"小学高年级儿童诗歌创作教学研究"，勇敢申报，着手开始进行研究。成功总青睐有准备的人，科研的春风春雨也只催发有计划、有准备、有思想的教育者种子。我让自己做了其中一颗美丽幸福的种子，并汲取到了雨露而发芽。

踏踏实实干

因为确定了教育科研小课题"小学高年级儿童诗歌创作教学研究"，我开始为自己这颗科研小课题研究绿芽浇水，施肥，拔草。我以前没做过教育科研课题研究，不知道其中的苦和累。为了更好地开展自己的小课题研究，我首先要填补空白的"资料"，我到处寻找参考文献，请教有经验的前辈，还在网络上购买了有价值的、系统性的相关硕士学位论文。

通过一系列的学习与探讨，我厘清了路子与方向，并踏踏实实地干起来。在学校领导的鼎力支持下，在同事的大力配合协助下，我顺利地进行了开题报告，然后大展拳脚，实实在在地干起来。同时，我选定了实验班，还汇编了一本《小学课本儿童诗歌集》(选自人民教育出版社出版的1～6年级语文课本诗歌)，供实验教师系统地学习、教学，供学生系统地学习和模仿。

收集和整理有关的资料是看似简单的准备阶段，我其实也花费了不少时间和精力。如果没有耐性那是无法走下来的，绿芽说不定就脱水缺肥夭折了。

我开始开展自己的小课题研究，通过调查分析，寻求如何有针对性地进行研究，抓问题，找对策，抓落实，激兴趣，促动力，扬个性，解决诗歌写作教学中的问题。

我尝试着用“读—仿—创—赏”四部曲来开展现代儿童诗歌的教学、创作活动。实践告诉我们，儿童是可以成为诗人的。但教师一定要有发掘学生诗性思维的耐心以及独特方式。

(潘慧群)

教育科研是一件严谨的事情，它的科学性要求我们实实在在地“做”和得出可行的成果。教育科研是一件花工夫和时间的事情，我们只有不断创新、刻苦钻研，才能与时俱进。只有用满腔的热情与静水深流的情爱去“研”和推进，才有实际的、丰硕可人的收获。

在流溪小学教育科研实践的行列中，潘培英老师、潘慧群老师只是普通的两位。在流溪小学中，这个队伍很长，这样的教师很多。教师且研且思，发现问题及时解决，一有机会就要积极参加、细致聆听从化区科研室开展的各种科研讲座，并不断调整研究中的方向，不断积累科研知识，不断提升自己的科研能力，不断钻研探究，全心全意地实践和发掘。我们相信勤恳与努力必定会让有心致力于科研的人快速地成为更优秀的教师。

正所谓“路漫漫其修远兮，吾将上下而求索”，科研这条路很长，我们需要不懈地前行，才能种出更美丽的红花，才能闻到更浓郁的馨香。

在教育科研的沃土里，我们要勤耕细作，撑起一片枝繁叶茂的绿，绽放出亮丽耀眼的百万红花。熏香沐露，造福学生，造福后代，这才是一位科研型教师的骄傲！

(五)做好科研“守护神”

“博善”不是一句口号，需要稳扎稳打，深厚的知识储备是“博善”一以贯之的教师从业标准。作为科研实力的构成部分，坚实的专业素养自然是必不可少的。科研就是对于这些专业知识的良好调度与驾驭，科研工作者拥有扎实的专业素养，才能顺利地开展科研工作。要想在科研中有所贡献，就一定要有一颗耐心、一份恒心、一片热心，只有成为一个有心人，科研才能取得相应的成果。这是黄雪晶老师的亲身体悟，也是每位教师都适用的教学感言。

不做教书匠

从教 13 年来，我一直从事小学语文教学工作。上课不难，但上好课却不容易。如何提高教育教学水平是我一直以来的不懈追求。我摸索着前行，但效果却并不理想。就在我对小学语文教学生涯茫然无措的时候，教育科研给我带来一道希望的曙光，把我带出了困境。是它坚定了我教好书、育好人的信念，改变了我的教育教学模式，使我重新规划了教育教学的未来。我相信只有用科研引领，我才能完成从教书匠到专业化教师的蜕变。一路走来，那过程虽然艰辛，但心却很坦然，因为我在收获着。

迷惘的一个

自 2002 年起，我有幸耕耘在三尺讲台之上。我初出茅庐，带着满腔热情，信誓旦旦地要把青春奉献给教育事业。可没过多久，就应了那句“理想很丰满，现实很骨感”的话。不到一个月，我就发现我的工作只是备课、上课、批改作业、辅导学生，日日如此。更糟糕的是我的课堂只是简单重复地照本宣科，课堂宛如一潭死水，别说学生根本没有学习的兴趣，就连我自己也开始感到厌烦，觉得很迷惘。为了改变现状，我虚心地向有经验的前辈请教，经常去听他们的课，课余也很刻苦地读一些理论书籍，但不知道是方法不对，还是我理解能力不好，我对语文课堂教学总不得要领。

就这样浑浑噩噩地过了一年，我困惑了，难道这就是我所追求的生活？这就是我所向往的事业？正当我在瓶颈期痛苦地挣扎，找不到出路的时候，春天竟与我不期而遇了。2003 年新课程改革，学校为了更新教师的理念，提高教学水平，要求教师申报校级的课题。我刚工作一年，根本不知道“课题”为何物，认为研究是专家的领域，是可望而不可即的。但学校要求又不能不做，我只好硬着头皮去了解课题。我开始阅读关于课题的理论书籍，参加科研培训。经过学习，我才知道，原来教育学家苏霍姆林斯基早就为陷入困局的教师指明了方向，他曾经说过：“如果你想让教师的劳动能够给教师带来乐趣，使天天上课不至于变成一种单调乏味的义务，那你就应当引导每一位教师走上从事研究这条幸福的道路上来。”从那时起，“课题研究”这颗种子开始在我的心里生根、发芽。

自我的救赎

当我意识到只有用科研引领，我才能走出教学的瓶颈，促进专业化的成长时，我决定投身到浩瀚的科研之海中。

首先，学习理论知识，提高科研意识。不断的学习是走向成功的必经之路。于是，我开始如饥似渴地学习科研理论知识。由于当时区级的科研培训并不多，要想学习这方面的知识，就只能自己看书，因此我除坚持钻研大纲、考纲、新课程标准以及教材外，还坚持参加各类培训和学习，积极订阅《小学语文教师》《教育科学研究》《上海教育科研》等书刊，以更新自己的教育理念，学习他人的先进经验，不断地丰富自己，提高自己。通过学习，我认识到了对于一线教师来说，所谓教育科研显然不是只有专家、教授才涉及的领域，也不是要出什么专著和撰写高质量的学术论文才算研究，而是要实实在在地解决教学中的问题，使自己更加熟悉教材，并掌握教学的一些基本规律，从而提高课堂效率。也就是说，一线教师的教育科研是更好地用教材，而不是教教材。例如，我们在对某一个具体的难点或者重点进行教学活动设计时，就要研究掌握这个难点或重点的途径，让学生用这种途径、方法去解决问题，让他们能够更好地融入课堂，也间接地使教师向学者型教师的方向发展。如果我们能运用教育科学理论来解决教育实际问题，并把经验上升到理论，再撰写成研究报告的话，其实这个过程就是在做课题研究了。因此，想要提高课堂教学的效率，开展课题研究是最为有效的方法。换句话说，课堂教学研究是教师专业成长之路。

其次，参与课题研究，提升科研能力。2003 年，乘着课程改革的东风，我迫不及待地将教学中遇到的一些困惑与当前教育趋势结合分析，初步拟订了关于“认写分开，优化识字方法”的选题，并向当时的市教研室递交了立项申请。可能是因为那时刚开始提倡课题研究，教研室为了鼓励教师研究的积极性，我的立项申请竟然通过了。我欣喜若狂，想着这下可好了，我可以大展拳脚了。但是年轻的我以为课题立项就万事大吉了，申报的时候轰轰烈烈，之后的过程却悄无声息。直到结题的时间快到了，我才意识到我只是做了课题申报的前期工作，什么开题、中期汇报这些我统统没做好，更别说结题报告、发表文章了。就这样，第一次课题研究以失败告终。

经过这次，我意识到我的研究经验尚浅，并没有能力主持课题研究。于是我想到了加入学校的课题研究，作为课题组的组员扎扎实实地跟着组长开展工作。我作为主要成员参与全国教育科学“十一五”规划重点课题——“义务教育阶段儿童分级阅读的研究”子课题“小学生分级阅读兴趣培养的策略研究”的工作，在研究的过程中，从开题报告的撰写，到课题研究中的过程性资料的整理，再到结题的研究报告整理，我都不遗余力地配合组长进行研究工作。最终这个课题在大家的共同努力下顺利结题。接着我作为主要成员参与了学校课题“以‘博善’教育创建特色学校的研究”的工作，在全体课题组成员的共同努力下，这个课题先后在区、市、省获得立项。如此成绩更加坚定了我开展课题研究的决心，更为我作为主持人研究课题打下了坚实的基础。

再次，主持立项课题，促进专业发展。在参与学校课题研究的过程中，我发现日常教学的“问题”并非都能构成研究的“课题”。我们只有在众多的问题中，提炼出某个有意义的教学问题，并想出问题解决的思路之后，才能把教师日常教学的“问题”转化为研究“课题”。也就是确定研究主题相当重要。基于以上认识，我在2009年以课外阅读为突破口，申报了“课外阅读与有效作文”的研究。这次课题成功在从化市立项了，并在2011年顺利结题。通过这次研究，我发现大量的课外阅读确实能提高学生的阅读能力与写作能力。但是这又衍生出了新的问题，如何才能提高小学生课外阅读的有效性呢？于是在2013年我向市科研中心提交了“以博阅提高小学生课外阅读有效性的研究”的课题立项申请。有了之前研究的经验，这次课题获得从化市的立项变得理所当然。中期检查也获得优异成绩。

最后，积累科研经验，实现人生蜕变。科研，促使我不断地学习，提高了我的教学水平，让我的课堂焕发出活力，同时也让我慢慢完成从教书匠到专业化教师的蜕变。经过近10年的积累沉淀，我已经从一位懵懂无知的新教师过渡成为对如何开展课题研究颇有心得的老教师了。也就在这第10年，依靠着那点科研经验，我被教师们认可，我踏上了行政的舞台，成了主管学校科研中心的校级领导。这是我教育教学生涯的一次重要改变，这也意味着我要比以前更加努力地学习，才能更好地指导同事开展研究工作。

时间的顿悟

实践证明，当今只会上课的教师绝不会是优秀的教师，因为他只是“知识的搬运工”，只有懂得进行教育科研的教师才是充满智慧的专业人员。只要我们参与过课题研究，就会发现科研离我们并不遥远，反而与我们的课堂教学息息相关。因为问题来源于课堂，再经过提炼上升为课题，这类课题就是为了解决课堂教学存在的问题而开展的。经过深入的研究、反思、总结，我们会更加深入地理解教材，对课堂教学的掌控也会变得更加游刃有余。

通过课题研究，我学会了科学的思维方法，掌握了学术研究的基本路向，大大提升了自身的学术水平和科研能力。在教学方面，我把教育研究方法、教育统计分析原理等知识融入日常的教学，从而改变了我的课堂现状。我大胆探索新的课堂教学模式，向教学个性化发展。可以说是教育科研引领了我专业化的成长。

麦田守望者

自从意识到科研能引领我成长，我就不断地努力，辛勤地耕耘着。终于皇天不负有心人，在教育教学这块沃土中，我收获了累累硕果。我参加从化市小学语文青年教师阅读大赛获一等奖，参加校级领导常态课展示获一等奖，参加广州市综合实践活动说课获三等奖，执教微课"识字 4——认识形声字"获广州市一等奖、省三等奖。我所撰写的论文获国家级一等奖 1 篇，获省级二等奖 1 篇，获广州市级三等奖 2 篇，获从化市级一等奖 6 篇、二等奖 8 篇、三等奖 4 篇。我指导学生参加广州市级的比赛，一等奖有 10 人次，二等奖有 15 人次，三等奖有 50 人次；指导学生参加从化市级的比赛，获奖人数一大批。论文《在活动中寻找习作的"新源头"——浅谈如何利用语文实践活动提高习作教学的有效性》发表在《新课程研究(基础教育)》上；《整合教学资源 关注学生发展》发表在《师道·教研》上；《谈谈如何提高小学生课外阅读的有效性》发表在《从化教研》上。

作为一位负责学校科研的副校长，我也能有计划、有步骤地指导教师开展课题研究工作，定期组织成员学习科研理论知识，重视教师开展课题研究的过程，并能指导他们收集整理过程性资料。在教师的共同努力下，学校有 3 个省级课题、2 个市级课题、15 个区级课题获得立项；在从化市"十二五"规划课题中期检查中，有 5 个课题被评为优秀。

且行且思量

成绩只代表过去，今后的科研之路还很漫长，我还需要不断地求索，不断地前行。作为一位青年教师，我必须朝着专业化方向发展，在专业精神、专业知识、专业能力、专业理论及专业意识等方面不断完善，且行且思，且思且行。我将来会把自己的热情和毅力全身心地投入教育科研，逐步走上专业化之路。

（黄雪晶）

前方路漫漫，且行且思量。分管科研工作的黄雪晶副校长被称为学校科研工作的守护神，她激情满满，信心满满。当然，科研作为教育的一大重心，与日常新的特点也预示了它的艰难性。正如马克思主义辩证法所言“前途是光明的，道路是曲折的”，提出一个理念或许并不困难，难的是把这个理念由单调的文字变成生动的思想，变成形象的实践。“博善”理念的内涵是如此丰富，这也就要求流溪小学的科研内容也要丰富起来，因为这是一脉相传的，是休戚与共的。所以，教师还在努力的路上，未来还需要更多人付出更多的心血。这样，科研壮大了，学校的教育丰富了，“博善”的理念也就生动了。

二、爱是教育的灵魂

流溪水潺潺，润物细无声，水乃德之至者，潜移默化，水品润泽。水的清澈映照了日月的光辉，流溪小学的先生们，如水映日月，心性通透，品质高洁。流溪小学没有对学生刻意的雕琢，教师顺应学生的天性，顺应生命自然的轨道，加以指引，寥寥点拨。流溪小学没有苦口婆心、令人厌烦的唠叨，教师会真诚给予毫不怀疑的信任，这是对生命的尊重，也是教育的精髓。现代的教育再也不是摇头晃脑、之乎者也的老夫子式的规训。在新的时代，教育突出了人本的理念，突出了学生的主体地位；教师用自己的风华感染着他周围的学生，以身作则，身正为范。

(一)像爸爸，也像妈妈：让学生在充满爱的环境下成长

教师的爱像极了母亲的抚慰，亦像极了父亲的摩挲，教师虽然言语

不多，却都掷地有声。当回味那一段与学生共处的时光时，身为教师，我们总会被学生感动，也会被自己感动。因为水的温润，让心灵互相碰撞；因为水的柔和，让稚嫩变成信任；因为水的博大，让伤害无处遁形；因为水的慈善，让你我朝夕陪伴。在水的映照下，师生像父母与子女之间一样，互相理解，彼此守护。

1. 李金平：如水之心，公正、包容

“水为万物之源。”造物者赋予水的，不仅是体态的娇柔，更赐予水一颗心，一颗无敌的、公正的、能包容万物的、纯净的、温柔的心。“海纳百川，有容乃大。”在教育中，我们何尝不在像水一样做人做事，像水一样公正、包容？

李金平老师就一直秉承着这样的教育宗旨：师生之间的碰撞，应该是爱与信任并肩齐驱的感情交流；我们不能被偏见蒙蔽了眼睛，甚至因此去伤害一颗颗幼小的心灵。我们应该以包容的心态倾听每一个人的诉说，因为在学校里，不管是品学兼优的学生，还是偶尔调皮捣蛋的学生，他们都有发言的权利。作为教师，我们不能用自己的喜好剥夺学生陈述事实真相的权利。在李老师的文字记载里，我们看到了一个故事发生的原委以及学生自己的感悟和成长。

如水之心

那天我像往常一样到班里布置作业后，让学生到楼下排队放学。我走进办公室，刚想喝一口水，“呜——呜——”一阵阵哭声从楼道里传入我耳中。该不会是自己班里的学生吧？发生了什么事？我三步并作两步走到楼道，看见了一个圆头圆脑的学生正捂着后脑勺哇哇大哭，旁边两位学生正手足无措地站着，其中一个正拉着锐星的衣袖。那两位学生中一个是承轩，他是个遵守纪律的好学生；另一个拉着锐星衣袖的不是别人，正是

图 2-2　李金平老师

调皮捣蛋的泽荣。提起这个泽荣，我的眉头不由得皱起来。我教了一年多，他不知闯了多少祸：今天女同学投诉他弄坏了笔袋，明天三年级的小同学投诉他推倒别人，后天……我不知处理了多少件事情。我连忙走过去说：“你们这是怎么回事啊？快住手！”泽荣迅速地放了手。我仔细地打量了一下锐星说：“锐星，快告诉老师有没有受伤，头痛吗?”锐星摇了摇头，我摸了摸锐星的头，发现他后脑勺没有出血，也没有起疙瘩，才松了一口气。我说：“能不能告诉老师发生了什么事?”锐星边抽泣边指着泽荣和承轩，结结巴巴地说：“老师，他……他们……拉……拉我。”承轩倒是一声不吭，泽荣的小眼睛滚圆滚圆地望着我，小脸涨得通红，说：“老师，我没有……我又没有……”这孩子真让人不省心，每次我都苦口婆心，晓之以理，动之以情地教育他。为什么每次他总要制造一些麻烦，惹是生非呢？我严肃地说：“不用说了，就是你拉倒锐星的！到下面排队去。承轩，带锐星到校医室看看。”承轩扶着锐星下楼梯了，泽荣嘴里叽里咕噜地嘟囔着，一副委屈的样子。下到楼梯口，学生已排好队了，我刚准备带学生出去，就听见了“哇哇”大哭声。大家不约而同地循声望去，是泽荣！他张大嘴巴号啕大哭，一边哭一边说：“老师，我没有做错。我只是……”我的火冒上来了，大声说：“泽荣，闭上嘴巴！不是你拉的，难道是承轩吗?”泽荣哭得更大声了，眼泪“啪嗒啪嗒”往下掉，他倔强地说：“老师，我没有。你要相信我!”我说：“快收声，哭哭哭！男子汉流血不流泪，做错了就该承认错误。”他继续说：“老师，我没有拉倒锐星，我只是想帮帮他，你可以去问问承轩。”我一听，愣了一下，难道我错怪泽荣了？可他一向调皮捣蛋惯了，怎么会？正在这时，承轩和锐星回来了。承轩告诉我，杨医生检查过了，说锐星没有事。我心里的大石头终于放下了，接着问：“承轩，你说说这究竟是怎么回事。”承轩一五一十地把经过说了出来。原来，承轩和泽荣下楼梯时，锐星跟在后面。他想拍一下泽荣，谁知不注意，脚没踩稳，就要跌倒了。承轩和泽荣看见了，忙伸手去拉，幸好泽荣及时拉住了锐星的衣服，才避免了锐星受伤。我一边听一边心潮翻滚。承轩说完，我看看锐星，他向着我郑重地点了点头。是我错怪泽荣了！我轻拍泽荣的肩膀，对着他不好意思地说："泽荣，是老师错怪你了。老师向你道歉。"泽荣停止了哭泣，紧绷的脸笑成了一朵花。

送完队回到办公室，我喝着水，回想着刚才发生的事。一滴汗"嘀"的一声掉进了水杯里，一瞬间就融合在杯里的水中，消失得无影无踪。看到这情景，我不禁想：这一滴水，不正是在预示着我吗？水有一颗柔美的心，它公平地对待着一切，包容着一切，如母亲般温柔地呵护着地球，帮助地球哺育着生灵们。不管是置于瓷碗之中，还是置于金碗之中，水均一视同仁。而且器歪水不歪，物斜水不斜。脏污之物，入水变清；浑浊之水，自会澄清。一个人，尤其是班主任，要像水一样，要有一颗公正的、包容的心，才能心平气和地做好教育工作。

（李金平）

事情虽看起来并不是多么严重，但却真切地使一个幼小的生命倍感委屈。为人师者，当然要有一颗包容的、公正的心，就像水一样，必须公平地润泽所有的生命，绝不可以有偏见、成见，而忽略了对学生心灵的维护。

2. 黄雪晶：给予关爱，触动心弦

教育者肩负着育人的使命，更担负着为社会培养合格人才的重托。一位好教师，往往会改变学生的人生，重新塑造他们健康的人格。每个班级里，都会有一些数量不同的后进生，他们由于受社会和家庭的不良影响，习惯不好，有时还会做出一些令人费解的事情来，但教师的责任就是在了解这些学生的真实情况的基础上，为这些费解的事情找到解释，并探究这些事情发生的根源，从而帮助学生做出改善。

黄雪晶老师对于这种情况有很深刻的体会，因为她的班上就有这样的学生，就有这样的故事。一位学生，做了看起来令人费解但原来事出有因的"坏事"，教师通过深入的了解之后，用自己的真心换取了另一颗真心，美好光明的转变从而发生了。心灵的碰撞把人与人之间的关爱传递下来，平息了一颗傲慢的心灵，也温暖了荒凉的心灵。

一个"皇帝"

我们班有一个非常典型的后进生，叫伟民。论智力，这位学生其实还是挺聪明的，但不幸的是他就是新一代"小皇帝"，在家里养尊处优，要风得风，要雨得雨。他一直以来都是以自我为中心，从来没有想过尊重别人。来到学校后，他依然我行我素，上课时他想画画就画画，想唱歌就唱歌，想说话就说话，作业不想做就不做。从开学到现在已经快两个月了，他都没做过几次作业，没认真上过几节课。在这样的学习态度下，他的成绩就像飞流直下的瀑布一样，永远都是往下流。更令人头疼的是几乎每天都有学生投诉他，说他骚扰别人上课；科任教师也拿他没办法，每次下课回办公室都对着我摇头叹气……于是，我找他谈话，希望他在学校中遵守各项规章制度，学会听课，培养良好的行为习惯，做一名合格的学生。但经过几次沟通交流，他只在口头上答应，行动上却毫无改进。看到这种情况，我的心都快凉了，算了吧，或许他就是那根"不可雕的朽木"。正当我打算放弃他的时候，却发生了一件事让我重新看到了光明。

一份关怀

记得初秋的一天早上，有点凉，但同学们还是早早地回到了学校，如同往日般充满朝气。我也像往常一样脸带微笑缓步走进教室，又开始在愉快轻松的氛围中上起课来。咦——真奇怪，怎么今天上课特别顺？但又总像少了什么，对了！怎么好像不见了捣蛋鬼伟民？我马上把眼睛的焦点集中在伟民的座位上。只见他趴在桌面上，呆呆地看着窗外。看到他那安静的样子，我就更加奇怪了，难道他病了？想到这里，我不由得走过去，俯下身子低声问："怎么了？不舒服？"没想到他竟被我吓了一跳，原本有点苍白的脸一下子变红了。他乖巧地点了点头，这时我反倒有点意外了。他今天怎么这么乖？看来他真的病了。我伸手摸了摸他的头，柔声地说："你就趴着休息一下吧，有什么不懂的，等病好了再补吧。"听了这话，伟民显得出奇的安静，并用力地点点头，眼睛看着我一动不动，从他的眼睛里我似乎看到了晶莹的泪光……

一次转变

没想到等他病好了之后，连同他的坏毛病也好了起来。他上课积极举手，认真做作业，还主动帮班级保持卫生。看到他一系列的变化，我不禁喜从心来，不仅在班上表扬了他的进步，还发了一封表扬信给他。他拿着表扬信激动地说："老师，您知道吗？那天我病了，您第一次温柔地问候我，还轻轻地摸了我的头。那时我才知道原来老师您还是关心我的，所以我决定好好地学习……"天哪！他的话好像一块巨石，在我的心湖激起了千层浪。没想到本以为为他好的严肃批评，竟成了厌恶的标志，不知不觉伤害了一颗幼小的心。难怪他那么反叛，那么讨厌学习，原来他以为我讨厌他！而不经意给予的关爱却能触动他的心弦，让他从此改变……

一个"小偷"

平静的日子总是过得很快的。不知从什么时候开始，我们班不知道为什么总有人丢东西，不是铅笔不见了，就是尺子不见了……我开始还以为同学们不小心弄丢了。可失物事件越来越多，我不禁怀疑是不是有第三只手了。因为失物都是在课间不见的，所以就排除了外来人，那就只有本班的学生了，那到底是谁？经过彻查，第三只手竟然是各方面都有进步的小李！我真不敢相信是他，我跟他的家长接触过，知道他的家庭条件很好。而且家人也很宠他，简直就把他当成"小皇帝"一样惯着他。他怎么会想到拿别人的东西？这绝不单单是贪心这么简单。

一句苦衷

带着种种疑问，我去了他家家访，才知道原来他的父母在闹离婚。而小小年纪的他为了再次吸引父母的注意，竟想到用偷东西这种行为来引起父母的关注！他虽然顽皮，但本性不坏，只要好好教育，绝不会走上歧途的。我把我的想法跟他的父母交流了一下，得到了他们的认同。他们会暂时放下大人的恩怨，配合我研究教育好他的方法。

从那天起，我经常跟他谈心，及时了解他的内心世界。让他明白"人非圣贤，孰能无过？过而能改，善莫大焉！"的道理。在下课时间，我也安排一些开朗的同学跟他一起玩游戏，使他能拥有好心情，忘却家庭造成的伤害。随着时间的流逝，慢慢地，他的生活又恢复到了正轨，人又变得活泼了……

（黄雪晶）

以上的案例，正应和了我国近代教育家夏丏尊先生说过的话：教育没有情感，没有爱，如同池塘没有水一样；没有水，就不称其为池塘，没有爱就没有教育。教师的爱是一束阳光，温暖学生的心田；教师的爱是一滴甘露，滋润着一棵棵幼苗；教师的爱是蜡烛，点亮学生心灵的灯，照亮学生前进的道路。

心理学家也一再强调：“爱是教育好学生的前提。”没有爱的教育是苍白无力的！一位教师要做好教育工作，首先要有一颗赤诚的爱心，并把这爱的甘露无私地给予学生，滋润学生的心田，用爱心点燃一个个纯洁的灵魂，用关爱触动美好的心弦。流溪是水润流溪，教师更应该是“有水的池塘”，应该向学生敞开心扉，放下架子，亲近学生，以关爱之心来触动学生的心弦。教育是心灵的艺术，教育的过程不仅是一种技巧的施展，而且是充满了人情味的心灵交融。

3. 郑永强：倾洒爱心，哺育幼苗

所谓“博善”，其实就是秉承了“一切为了学生，为了学生的一切，为了一切的学生”这一教育宗旨。为了实现这三个“一切”，教育就需要教师有最真挚的热血，跟学生进行心灵的沟通，从而才能更好地哺育这些幼苗，让他们在教师的引导下，茁壮成长，走向更加美好的明天。

郑永强老师从踏入岗位的第一天起，就知道自己被赋予了一项神圣的、光荣的教育使命。10 多年来，他把心血倾洒在学生身上，给学生真正的情和爱。“热爱、关心、信任”是郑老师教育学生的准则。

郑老师一毕业就担任班主任的工作。在担任班主任期间，无论是在班级管理中，还是在学校的工作中，他都能热爱、尊重、了解和严格要求学生。他对学生晓之以理，动之以情，做到循循善诱，诲人不倦，循序渐进地对学生进行思想品德教育，努力让学生为学会做人、学会劳动、学会生活打下扎实的基础。对一些问题学生，郑老师教育有法：在生活中，无微不至地关怀他们；在教学中，不失时机地引导他们；在交流中，耐心细致地转化他们。经过郑老师启发式的充满爱心的教导，那些心理存在问题的学生往往最后都能改正过来，投入集体的怀抱，投入正常的学习、生活，走上健康成长的道路。

学生的转变

我班上有一位学生特别贪吃，经常骗爸爸、妈妈的钱买零食吃。而且他爱撒谎，学习成绩也不好，经常违反纪律，跟其他同学都和不来。见此，作为班主任，我真是伤透了脑筋。不过我相信，这是孩子的天性没有受到好的疏导所导致的结果。所以，并不是他真的一无是处，而是需要教师去更好地引导教育，使他能够找到对的路并做对的事。因此我并没有嫌弃他，而是一有空就找他谈心，像一个大哥哥似的关心爱护他；同时也利用班会课、队会课等引导同学们要团结同学，互相关心。我积极鼓励这位学生，只要他有一点进步，就不失时机地表扬他。慢慢地，该学生发生了可喜的变化：不仅改掉了坏习惯，而且关心集体，努力向上。有越来越多的同学喜欢他，和他说话、谈心、交朋友。他也慢慢走出心理阴影，逐渐融入同学。在小学毕业考试中，他以优异的成绩考进了从化四中的尖子班。我的心里欣慰极了。

图 2-3　郑永强老师

（郑永强）

教育就是这么神奇，教师悉心的付出一定会有收获，学生一定能够感受得到教师对自己的付出。所以，当他们捕捉到教师的关爱时，他们一定会做出反馈。在心与心的互动中，小毛病会被慢慢改掉，小矛盾也会慢慢消除。班级的风气正了，学生的学习劲头也更足了，这一切都是师生之间相互交流、相互关爱的结果。伟大的爱像水一般，温润了彼此的心田，使得花朵在这里绽放，希望在这里起航。

4. 邹菊花：爱恒久远，育人如水

教育的真谛是爱，教育的最终目的是促进学生的最优化发展。作为班主任，我们更是要拿出全部的爱，帮助我们的学生走好人生的每一步。师爱如水，似水柔情；师爱如雨，润物无声；师爱如酒，越久越醇；师爱如风，风过无痕。

这两年，我们学校积极开展用“博善”教育创建特色学校，以“上善若水，流溪致远”为办学理念，围绕“水”进行各种特色教育教学的活动。我们班主任更抓住水的特性对学生进行思想教育，就像水一般无孔不入，似水一般悄然无声，滋润学生的心田，使学生的心灵受到洗礼，在不知不觉中学会做人，学会做事，学会学习，学会生活。

育人如水，轻灵万变

水极其善于遇物变形，遇山沟则成溪流，遇平地则成江河，遇日晒则成气，遇冷空气则成雨和雪。我们教育也要像水一样富于变化，不拘成规，应时而变。

在常规的班主任工作中，我们常常遇到的情况真的是层出不穷。这时班主任就一定要做到赏识有度。当学生出现状况时，我们不一定要用法规、校规来衡量学生的行为，而要灵活地以爱为先行，让教师的教育方法变得人性化。记得我班上的学生小毅常常不记得戴红领巾回校，一天我刚好在他身边看到环保小卫士要登记他的名字并扣我们班的得分。我灵机一动，抓住这个教育他的机会，对那个环保小卫士说：“这位同学，他平常是个听话的学生。你能给个机会让他自己找找红领巾吗?”环保小卫士点了点头。小毅一看我帮他说话，立刻转身向他的同桌借了一条红领巾，戴在脖子上，不好意思地说：“我以后一定会带好红领巾再回来上学，请你给我一次机会。”那个环保小卫士看了他一眼，走开了。小毅也看看我，低着头说：“老师，谢谢你帮了我!”从此，小毅每天都戴着红领巾回校。

真正的教育本该就清淡如水，根本不需要刻意的时机、刻意的方式，它只是源自教师心底对每一位学生真切的爱、真切的关怀。因为有了爱，于是有了付出；因为有了爱，于是有了唤醒；因为有了一次次的呵护和唤醒，于是才有了学生的心动和感动。我们做教师的就应该教如严父，爱如慈母。平时，师生的言谈之中、交往之间，要具有春风之柔、夏日之炽、秋风之爽、冬霜之严。让学生在教师轻灵万变的言语中改变、反思、成长，逐渐成为健康、全面发展的人才。

育人如水，坚韧不拔

水滴石穿。水让人叹服的不是它的力量，而在于它的目标专一，坚持不懈。教育问题学生也是如此，我们要经过多次的谈话、引导、提醒，可能才取得一点成绩，学生才有一点点转变。于是，没耐性、没恒心的教师可能就会放弃对学生的引导和教育，觉得他们无可救药了。我们都知道把一件简单的事做好就是不简单，把一件平凡的事做好就是不平凡。对学生的教育也是如此，从一个良好的习惯、一个细微的改变开始，日久天长，必见成效。我们要注意从细微之处，以学生身边发生的事为题材大做文章，引导学生身体力行。这样会使他们获得成功，从成功中汲取力量；使得们有改变自己的动力，对自己重获信心。这时我们才算达到了教育的目的。

涓涓细流，点点滴滴，是多么的渺小，多么的柔弱。天生与“威力”两字无缘，而谁又能想到它却能把坚硬厚重的岩石击穿？滴水之所以能穿石，是因为它在漫长的时间里从没有停止过“穿石”的努力，这就是我们教师在引导问题学生中所需要的那一股执着不懈的韧劲！

育人如水，海纳百川

海纳百川，有容乃大。教师要有大海般的心胸，把学生始终放在自己的怀里，包容学生的错误与缺点，原谅学生的无知和鲁莽，容纳有各种水平、性格、爱好的学生，才会使我们的社会高度发达兴旺。我们教师对待学生时，要多些温情和激情，少些冷漠；多些交流和探究，少些约束；多些鼓励和赞美，少些苛刻。真正的爱是想方设法去体验学生的真感觉，教师要学会“期待”和“等待”。

但令人遗憾的是，面对学生犯错时，许多为人师者却往往没有了宽容的风度。学生闯祸了，惊慌失措，正需要帮助，我们送上的却是责怪甚至打骂；学生失败了，正需要心灵的抚慰，我们送上的却是唠叨和惩罚。为什么我们不能容忍学生失误或者犯错呢？多数人会解释为我们在意学生，对学生负责，但是在意和负责一定要通过责难的方式表现出来吗？其实，我们为人师者必须知道，学生只有犯了错，才会知道改正，真正具体实践了，才知道世界是怎么回事。我们不能容忍学生犯错，等于剥夺了他们探索的权利，减少了他们认识世界和自我的机会。有人曾说过：“如果一个学生生活在鼓励中，他就学会了自信；如果一个学生生活在认可之中，他就学会了自爱。”因此，我们对学生要有同情心，要有海一样的宽容、山一样的支持，保护学生的自尊和自信，他们才会真正强大起来。

育人如水，汇滴成海

小水滴，流淌在大地上，汇集于海洋中。润物细无声，水的力量是巨大而无形的。教育也如此，如涓涓细流，影响着社会。

学生虽处校园中，但世界瞬息万变。我们应努力跟上时代的脚步，扩大学校教育的外延，与变化纷纭的社会生活建立更多、更广的联系，让身处校园中的学生也能时时感受到时代的脉动，与时俱进。如我们学校开展了“读书漂流”活动，学生通过读书，带动父母读书，让父母的业余活动从庸俗走向高雅。在“读书漂流”活动中，教师也请父母参与评价学生所写的读后感，打破代沟，冲破隔阂，让沟通从心开始，感情由此升华，以此营造浓郁的家庭亲情氛围。“读书漂流”活动把学校、家庭、社会紧密连在一起，使得“书香”不只飘在校园中，还飘进了家家户户，更飘向了普罗大众的社会中。

（邹菊花）

印度著名诗人泰戈尔曾说过：“不是锤的击打，而是水的载歌载舞，使鹅卵石臻于完美。”那就让我们教师打造如水的博善教育。把流溪小学

“博善”的“水文化”教育进行到底，让水的精神活在每位学生的心底，生根发芽，尽情怒放！

(二)家校携手，齐献爱心

教育不仅发生在学校中，同时也发生在家庭中。教师的影响不仅应该在课堂上，同时也应该渗入每个家庭。父母是孩子最好的老师。将父母与教师的力量联合起来，使爱的能量和教育的能量最大化，这对于学校和家庭来说无疑是两全其美的。

“博善”教育理念，不仅强调学校的作用，同时也指出家庭的重要性。因为每个人都生活在博大的关系当中，每个人都要与人为善，所以在学校的工作中，学校领导重视构建家校之间的和谐关系，旨在用“博善”的力量共同培养“博善”的学子，让学生不仅在学校和家庭中，甚至在社会上都能真正做到与人为善。在家校携手这项工作中，黄丽芬老师付出了巨大的努力，成为学校师生赞扬的楷模。

流溪小学家长学校成立于1998年，2000年被评为广州市优秀家长学校，2008年被评为广州市家长学校示范点。多年来，我们不断完善家校合作的方式，通过成立家长义工队，邀请专家给家长授课，组织家长进课堂等活动，形成家校合力，共育流溪博善学子。我们特别注重培养学生感恩社会、为有需要的人奉献爱心的良好品格，通过家委会组织学生参加植树、为孤寡老人做家务、为敬老院的老人们表演节目、为偏远山区的孩子捐钱等活动，潜移默化地培养学生善良的、感恩的心。

听，爱在苏醒

犹记得那一个星期天的上午，阳光明媚，爱在孩子们的心中，点点苏醒。

早上，家委会的委员和部分热心家长，还有四年级的全体师生齐聚在校门口，准备出发，到敬老院看望老人们。秋天的早晨，阳光明媚，天朗气清，温暖的阳光照得我们心里格外清爽。大家怀着激动的心情坐上大巴车，前往江埔街敬老院。经过了10多分钟的车程，我们抵达了目的地。

走进敬老院的大门，我们正前方是一个院子，有花草树木，还有菜地。门的左手旁是一栋住宿楼，老人们住在一楼和二楼。当我们到达时，有几位老人在园中散步，有些老人躺在房间里的床上。院方负责人告诉了我们这些老人的情况，他们都是“五保户”老人，无儿无女，孤独一身生活在这里。落寞的眼神、被岁月碾过的脸庞以及驼掉的脊背让我们的心不禁地揪紧了。因为有的老人走路不方便，甚至一直都是坐在轮椅上，所以我们的成员到他们房间里小心翼翼地把他们搀扶出来到一楼院子里，还搬来板凳让老人们坐好，准备观看我们带去的节目。

首先是四年级家委会代表向老人们致敬，接着孩子们为爷爷奶奶表演他们精心准备的节目。有小组唱、独唱、跆拳道、舞蹈，最后全体成员一起唱队歌，表演手语。虽然有的节目排练得不是特别成熟，但从老人们的脸上还是可以看出他们喜悦的心情。随后大家一起为爷爷奶奶送上小礼物，最后大家一起祝爷爷奶奶身体健康、万事如意。活动结束后，我们和老人们一起拍照留念，然后将老人们一个一个搀扶回房间。紧接着正好是老人们吃中午饭的时间，于是我们去到每一个房间，了解他们的伙食情况，帮助他们倒倒水，擦擦桌子。等老人们吃完饭后，我们和他们拉拉家常，聊聊天。我们都知道，这些老人缺的不是物质上的资源，而是内心精神上的陪伴，他们要求的并不多。希望社会各界人士都能伸出双手，奉献爱心，让老人们特别是这种无儿无女的老人们不再感到孤单，让他们能够真正安享晚年，构建我们的和谐大家庭。

（流溪小学家委会）

这只是一个微不足道的善举，但学校和家长都倾尽全力，共同参与。因为小小的善举中包含着大大的教育意图：为了大力弘扬敬老、爱老的美德，促进和谐社会建设，让学生从我做起，关爱老人，尊重老人，在全校中营造真心敬老、倾心孝老的良好氛围。在家委会的大力支持下，学校每年都组织多次这样的敬老活动。希望学生在参与这样的活动后，学会感恩。一起参加活动的家长们都非常支持类似这样的公益活动，他们表示：现在孩子的生活条件都比较优越，在家中都是“小皇帝”，非常幸福，感受不到生活的艰苦。通过开展这种有益的活动，我们能够让孩子从小有一颗感恩的心。

知识就是播种希望，播种幸福，而教师则是这希望和幸福的播种人，不辞辛劳，不厌其烦。知识的王国为学子们打开了厚重的大门，在这知识的王国里，教师用他们的激情与耐心指点江山，激扬文字，让原本冰冷呆滞的文字变得生动活泼起来，让原本无聊呆板的课堂充满了无穷的魅力。教师倾注心血，为学生插上梦想的翅膀；学生的想象力在教师的点拨与鼓励中开始起航，向着未知的蓝天，自由自在、自信满满地飞翔。是教师的激情点燃了这一切，让一切源头活水不断迸发出来，让生命的热情经久不息。在水流的叮咚声中，空谷的寂寥都被感染，一首向着梦想、怀抱希望的乐曲正在奏响。那跳动的音符就是师生之间的互动，是教师的谆谆教导，让爱落地生根，让学生被爱包裹。崇高的感情在溪流间流淌，带着教师对学生的关怀备至，也承载着教师对教育的巨大热情。这项事业终究是伟大的，因为它是沟通心灵的桥梁。因着教师的耐心，无数个封闭的心灵被开启，开始了娓娓道来的诉说，这是心灵的工程，这是人类伟大的期许。教师是美的耕耘者、美的播种者。是他们用美的阳光普照学生，用美的雨露滋润学生，让学生的心田绿草如茵，繁花似锦。

教师就是这样，如水般温润，如水般博大，如水般深刻，如水般清透。学生就是水里的鱼儿，需要水波的滋润才能绽放生命的光彩；学生就是天上的太阳，需要水的映照才能更加光辉四溢；学生就是天上的月亮，需要水的衬托才能光明亮丽。教师甘心做这陪衬，甘心做这映照，甘心做无怨无悔的引路人，默默无闻地点拨，让学生慢慢进步，走向他们人生的下一处风景，踏上他们人生的下一次旅程。教师在每一个转角处挥手说再见，然后把他们交到另一个与自己一样的人的手上。这样的传递，是责任的传递，更是爱的传递。

第二节　流光：水到渠成——学校的育人目标

“问渠那得清如许，为有源头活水来。”踏入学校的那一刻，对于学生来说，往往是他们家庭之外互动关系的开启。进入一个相对陌生的环境，诸种的不适应、诸种的不快乐一定会接踵而来。流溪小学所谱写的教育的篇章是美妙的，美就美在它总是像流溪河水一样，长流长新；妙就妙在它能给人提供思考的源头，让枯燥的知识乘着想象的翅膀自由地翱翔。而这翱翔不是孤独的单飞，它是相互陪伴、相互扶持的集体的出游。师生携手，让教育流光四溢；师生并肩，让博善的光芒万丈；师生同行，让爱的芬芳吐露。在流溪河水的映照里，师生共同为水墨校园增光添彩。

总之，从踏入学校的那一刻起，一个孩子的生命就注定要与多元的学校文化发生丝丝缕缕的关系。就此，孩子走出家庭，走向学校；之后，孩子将通过学校一步一步走向广阔的大世界，走向人生的开阔地。

一、亲水，乐水，师水：学校的文化追求

一个人的记忆可能会有所消退，但童年记忆却是很难被抹去的。孩子在童年中受到的关怀与欣赏会直接增强他们的自信心以及创造力，伟大的智慧不分年龄，看似稚嫩的孩子，偏偏有这世界上最珍贵的智慧。比如，那个看清皇帝没有穿衣服的小男孩就比他周围的一切大人都更眼明心亮，比他们更坦率，更直白，更勇敢。在孩子的眼中，一朵花或许就是一片花园，一棵树或许就是一片森林，一粒尘埃或许就是一个世界。佛家所谓“一花一世界，一叶一菩提”。孩子的世界就是这样充满光亮、明媚灿烂的，因为他们怀抱善良，心有梦想；他们博大，他们善良，因为“博善”永远熏陶着他们，鼓励着他们，引导着他们。

在孩子的眼中，世界永远充满新奇的事物，值得他们不断地发现与探求，而教育就是发掘孩子的探索能力。苏霍姆林斯基说：人的内心里

有一种根深蒂固的需要——总想感到自己是发现者、研究者、探寻者。在儿童的精神世界中，这种需求特别强烈。但如果不向这种需求提供养料，即不积极接触事实和现象，缺乏认识的乐趣，这种需求就会逐渐消失，求知兴趣也会与之一道熄灭。教师就是要把无限的可能交到学生自己的手中，任由他们发散思维，驰骋想象力，然后获得更多无限的可能。学习的场所虽然直观上好像局限于课堂，但事实并非如此。生活才是更大的课堂，所以教师除了在课堂上仅有的规定时间内发掘引导学生的兴趣以外，还要善于在生活中观察每位学生的举手投足。当学生能够深切地感受到教师的这种关注时，他们也会因此而产生温情，能够主动拉近师生彼此之间的距离，能够真诚地向教师吐露心声，向教师建言献策。这样师生在共同努力下，进一步改善课堂的学习模式，提高课堂时间的利用率以及课堂成效。在这个过程中，学生几乎起着不可估量的作用。因为，就教育的本质而言，学生的主体地位是毋庸置疑的，那么究竟应该如何使学生的主体地位得到确认，则需要很大的努力。在这种不断的反馈中，学生把最真实的感受告诉教师，因为学生是课堂教学最直接的参与者以及接受者。对于一个课堂的好坏，教师的感受已经是第二位的了，因为教师是成年人，他的主要感受只能来源于作为大人的“教”，无法切身体会到这堂课的成效，只能借助于学生的反映来大概地进行判断，所以这个过程其实带有很大的盲目性与不确定性。而学生则不同，他是以学生的身份切切实实地存在于整个课堂教学之中，他的反馈最能说明课堂的效果。所以，通过学生的反馈，教师才能及时做出相应的改善，这样课堂就会日臻成熟，教育的成果也会日渐显现出来。

在人的精神成长过程中，少年时期无疑是至关重要的。谁没有体验过青春的魔力降临时的那种奇妙的心情呢？突然之间，少年眼前仿佛打开了一个五彩缤纷的世界，出现了一片隐藏着无穷宝藏的新大陆。少年人看世界的眼光是天然的、理想化的，少年人比成年人更具有精神性。这种精神性会体现在学生时期的每一个动作行为之中。

流溪小学的学生是幸运的，因为美丽的水墨校园为他们安排了一个最好的老师——水。亲水、乐水、以水为师，是流溪小学师生的信条。水有道，善为德。对于学生来说，学习不应该是生硬的灌输，成长不应该是刻板的教条，不应该是冷漠的要求，更不应该是机械的惩戒。教师和学生之间应该是心对心的呼唤，灵魂与灵魂的互感，爱与爱的渗透。

作为一所学校，流溪小学是以“博善”为理念来从事办学及教育教学活动的。自周恩来同志提议改名以来，流溪小学即自觉地践行博善教育。经过几十年的探索和奋斗，流溪小学建构起了一个完整而又具体的理念体系。

“水”作为一种意象文化，不仅历史悠久，而且内涵丰富。作为一个哲学概念，“道”原本指的是自然的过程或者道路，水的特点之一就是顺流而下。因此，“道”同时也是一个基于江河湖溪汩汩流淌、永不枯竭的水的意象。由“道”与水的同质性出发，以泉为源的溪流的意象完全可以作为承载“道”的模型，溪流淙淙，其路径遂为一种指引人们行动的道路。这个概念被扩展为意指这种状态，即天下万物顺其自然。这就关乎到了教育的本质问题，顺应万物自然的运行轨道，就是顺应每个人的天性，也就是遵从杜威的“教育即生长”的理念。同时学校文化的构建也要遵循这样的规律。

流溪小学在文化建设中不断挖掘与水的渊源，既与中华传统文化和学校历史相接续，又与时代精神和未来发展相连通，并在此基础上打造出专属于流溪小学独有的体现“水”的质地和特征的文化形态来。

水是万物之母，水是生命之源，“知者乐水，仁者乐山”。其实，仁智者无不乐水，无不乐山。在中国历史上，古往今来的文人学者、仁人志士无不以尊重、谦卑的态度对待水，视水如同母亲，视水如同生命。

水是智慧的象征，学习并发扬水那种至高至善的文化精神，是历代文人不遗余力、乐此不疲一直在做的事情。有人认为水是中国早期哲学思想的本喻，因为它确实容纳了整个人类若干年的生存智慧。水品包括静如止水——静，海纳百川——包容，清澈透明——纯洁，水滴石穿——执着、坚忍等高贵品质。所以能够像水一样尚善求真，是流溪小学师生做人、处世、立身的根本。

以水为源，以水为鉴，“善”之一字显得意义非凡，象征生命，象征智慧，象征包容和友爱，象征德性与德行。水让教育成为一种无言的润泽、无声的洗礼，细致入微。善的种子，渐渐破土而出，渐渐发芽拔节，流溪学子茁壮成长，流溪校园风光独好。

二、我们是幸福的小舵手

从化这片僻静的广阔大地，流溪河这条潺潺流淌的生命之河，对于流溪小学的学生来说，无疑都是上天的眷顾，都是他们与生俱有的一种财富。在“水”的无限滋养中，他们像种子一样在土地里扎根，又经过时光的浇灌，渐渐破土，发芽，长出枝叶，为以后的繁花似锦、硕果累累做着最细微的铺垫。人生是在这片土地上开始的奇妙征程，像一叶扁舟，行驶在静谧的水波之上，起航带来的希望足够让他们受用一生。所以，每个在这里的学生，都怀着一颗感恩之心。学生既感恩这片土地，也感恩这条河水；既感恩这所学校，也感恩朝夕陪伴的教师。这些都是为他们的梦想插上翅膀的因素，所以学生的字里行间总是洋溢着对这片土地、这所学校和教师的深情厚爱。

(一)感恩先生的教导

记忆的珍贵之处就在于它能把生命中最为印象深刻的事情保存下来，让我们在若干年后品味斟酌，细细琢磨。许多往事是难以忘却的，无论岁月的长河如何冲刷，人们都会牢牢地记住一辈子。

学生的记忆是清晰的，因此童年的记忆最容易在人的生命中扎根。这些扎根下来的记忆会在某一天突然苏醒过来，然后过往的场景再一次呈现，感动也再一次涌现。每个人的生命中都有一个值得让自己铭记一生的师长，就像鲁迅先生的“藤野先生”一样。教师在学生的心里总会占据一个非常重要的地位，有的教师甚至影响了学生的整个一生。

因为“水文化”思想的感染，教师都力求使自己做到胸怀博大，温润慈善。这种春风化雨般的教育因此也在学生的身上产生了微妙的化学反应，使学生时刻谨记，一生铭记。

作祟的自尊心

回想起读小学三年级的时候，由于自尊心"作祟"，我犯了一个小小的错误。但老师和母亲都没有批评我，反而耐心地引导我，让我认识到了错误。直到现在，我依然清晰地记得当时的情景。

曾经，我是一名很好强的小学生。对于一般人来说，语文考试得90分，作业老师给予"良"的评语，都是很不错的了。而对于我来说，90分却是一个不体面的分数。

图 2-4　学生李皑闻

语文测验试卷发下来的那一天，刺眼的"90分"大红字映入我眼帘。我一下子就懵了，简直无法相信自己的眼睛。我揉了揉眼睛再看，没错，只有90分，这如同给了我当头一棒。这个分数，我该怎么办呢？如何向妈妈交代呢？以前每次考试，我的成绩不是全班第一名，就是第二名。这样的成绩，妈妈不打我才怪呢？我越想越担心，越想越害怕，不知如何是好，想着想着，鲜红的分数逼着我产生了"邪恶"的念头：如果不想受到妈妈的责骂，模仿妈妈的签名不就行了吗？说做就做，于是我拿来平时妈妈的签名，模仿着妈妈的字迹，小心翼翼地、一笔一画地写了起来。足足花了10多分钟，费了九牛二虎之力，终于把妈妈的名字写好。我看看自己模仿的字，与妈妈写的字对比一下，心想：模仿得还真像。

纸包不住火

一个星期相安无事地过去了。正当我为这事暗暗窃喜时，一天放学，我准备走时，郭老师把我叫到了办公室。郭老师问我："闻闻，上次的语文测验，妈妈看了试卷之后，为何不写评语呢？""我、我……"我吞吞吐吐地连一个字都说不上来，用闪闪躲躲的眼神躲避老师的眼光，不知如何回答。老师接着说："你今天晚上拿回去叫妈妈补写吧。"我一听，惨了，这次一定穿帮了，怎么办呢？我拿着试卷一动也不动，老师收拾完桌面后说："走吧！我们一起走。"我跟在郭老师的后面，脚好像千斤重一样抬不起来。快到校门口时，我终于忍不住大声说："郭老师，对不起！"随后，我一五一十地交代了事情的经过，眼泪像断了线的珍珠落下，心里很不是滋味。郭老师轻轻地拍了拍我的肩膀，然后和蔼可亲地安慰我说："闻闻，做人一定要诚实，考差就考差了。一次的分数并不代表什么，你把错的地方弄懂了、弄明白了才是最重要的。这件事做错了没关系，改正就行了。别灰心，下次再努力吧！"

她的良苦用心

我带着沉重的脚步和忐忑不安的心情终于回到了家，小心翼翼地把试卷递给了妈妈，低着头等着挨骂。妈妈看完试卷后，笑了笑说："都是粗心惹的祸，下次注意就行了。"今天妈妈怎么了，一反常态，不但没有责骂我，反而安慰我。我就像丈二和尚一样——摸不着头脑，小心翼翼地问妈妈："妈妈，我考砸了，你为什么不骂我呢？"妈妈笑了笑回答说："以前是妈妈不对，在学习方面给你太大压力了，你尽力而为就行了。"晚饭后，我拿妈妈的手机来查找学习资料，无意中看到了郭老师和妈妈在QQ里的聊天记录。其实郭老师早就知道签名的事，却不动声色，她发现问题后并没有用责骂的手法，而是和我父母沟通，采取一种说教的方式，提醒妈妈一定不要打骂孩子。这时我才恍然大悟。

为了让我在下次考试中取得好成绩，郭老师还利用自习课的时间帮我把知识点再梳理一遍。在得知我阅读方面比较弱后，郭老师还专门针对阅读出了一些习题让我练习，要求我多买一些中外名著来阅读，要求我每天写一篇读书笔记，提升我的阅读写作水平。俗语有话：熟读唐诗三百首，不会作诗也会吟。在郭老师的严格要求下，我的写作水平有了很大的提高，所写的文章常常被当作范文在全班阅读。渐渐地，我喜欢上了阅读和写作。每次学校有什么征文比赛，郭老师都让我尝试。兴趣是最好的老师，我的很多文章如《有趣的蚕宝宝》《家乡小溪的欢笑》《父亲》等获得了广州市或从化市的奖项，并在《文明导报》上发表了。

有付出就有收获，在2013年的期末语文能力竞赛中，我如愿以偿地拿到了99.5分的全年级最高分，并得到了一个小小的奖状——“语文能力竞赛一等奖”。我双手捧着奖状，眼睛望向讲台，郭老师送给我一个鼓励的微笑，我心里美滋滋的。

迟到的感恩

“感恩的心，感谢有你，伴我一生，让我有勇气做我自己。”这首感恩的歌，唱出了我想对郭老师说的话。从一年级到六年级毕业，郭老师让我当了六年的班长。为了培养我的工作能力，郭老师总会适时放手，让我独立去完成班上的工作。例如，我经常组织活动，主持班会课，常常鼓励同学们大胆去尝试，并积极开展课前演讲等。在郭老师的因材施教下，我这棵不为人知的小草崭露头角，接着被学校推荐参加各类比赛：担当节目主持人，参加演讲比赛，竞选小市长等。学校的广播室里、舞蹈队中、歌唱比赛上、小记者采访活动中等都留下了我活跃的身影。

感谢郭老师，感谢流溪小学给我提供了一个展示的舞台。在辛勤园丁的精心栽培下，这朵美丽的花儿才能结出如此丰硕的果实，取得了如此骄人的成绩：“优秀少先队员”“优秀学生干部”“优秀三好学生”“优秀广播员”“羊城小市长‘环保之星’”“‘美丽广州·英雄赞’故事讲演三等奖”“英语剧《三只小猪》三等奖”“声乐《在灿烂的阳光下》一等奖”“广州市美德少年”“广州市‘小道德模范’”“广州市红领巾成长小记者”。这些形形色色的奖状就是我对老师和母校的最大回报。

几年过去了，我看到家里的墙上贴满了大大小小的、各种各样的荣誉证书：有文化科的语、数、英比赛的奖状，也有文娱类的主持、唱歌、跳舞等比赛的奖状，更有德育方面的道德模范的荣誉称号，……我心里感到热乎乎的。

这些荣誉，只能代表过去，但也是鼓励我继续前进的动力之源！

（李皑闻）

(二)好想说声谢谢您

博者，胸怀广阔；善者，温润如玉。因为教师的真情付出，学生的心田里种下了似锦繁花。时间飞逝，学生已经长大，但这份感恩却永久地存在他们的心里，这辈子都不会被抹去。这不是一个个例，每所学校、每个班级中都有想对教师大声说出“谢谢”的学生。这声谢谢，就是给教育者的最欣慰的礼物，也是教育最宝贵的收获。

初识，笑意盈盈

弹指间，6年的小学生活如梦浮沉。每每想起小学生活中的一点一滴，我无不感慨万分，充满感恩之心。

图 2-5　学生张德辰

记得在四年级的时候，我参加学校大队委竞选。初赛时，我运用自己的唱歌天赋，成功晋级，入围决赛。在比赛中，我认识了一位好老师——学校大队辅导员刘老师。她为人和善，办事干净利落，炯炯有神的眼里透露出智慧。那是在课间休息时，我无意中遇上了她。她说：“嗨，你是不是那个竞选大队委的张德辰?”我点点头，她笑着说：“我看好你，继续加油，努力!”短短的几句话让我好想说声“谢谢您!”我心里暖洋洋的，我充满了力量，暗暗告诉自己：刘老师，谢谢鼓励！我一定会成功的！

再见，语重心长

然而，事与愿违，在决赛现场，我因压力过大、紧张等，未能充分展示自我，我落选了！我万分沮丧，为什么，为什么？为什么我没选上！无数个为什么在我脑海里游荡。接下来的几天，我情绪低落，久久未从失败中走出来。

让我意想不到的是，刘老师主动让我到办公室去，对我说：“德辰，这次没选上，你很难过，对吧?”我说：“嗯。”

她接着说：“人生就是这样，没有挫折、失败，就感受不到过程的艰辛、成功的喜悦！要学会正确对待挫折，自己才能变得更强大！”我似懂非懂地点点头。

她鼓动我说：“你的音质不错，正好广播站需要人，不如去广播站当播音员，锻炼锻炼！”能够为学校做点事是我的目的，播音也能锻炼我。我高兴地答应下来。在广播站，我发现自己在这方面还很有天赋，与队友们团结协作，共同完成各项播音任务。在广播站的日子里，我十分开心。

怀念，感恩满满

现在，我毕业离开了流溪小学，但每每回想在小学的点点滴滴，我十分感激老师们的教诲，感谢校园的氛围，感谢与同学们的友情。尤其是刘老师在我感到沮丧、失落时，给予我关心、鼓励，使我认识到自己的缺点，学会战胜失败，勇敢面对挫折！谢谢您，老师！谢谢，流溪小学！祝福老师们身体健康、家庭和睦！祝福学校越办越好！

（张德辰）

在校园里，学生与教师之间的精彩故事每天都在上演。两颗心碰撞到一起，不经意间就会发生令人意想不到的美好反应，所谓“良师益友”是也。

其实，在流溪小学的师生关系里，并不只是教师教学生，有的时候，学生也能教会教师很多东西。有一些学生，他们德才兼备，品学兼优，他们对世界、人生、学习都有自己独特的领悟。这些领悟在他们的学习生活中一点点地流露出来，他们成为人们学习的榜样。“博善”教育理念，在这些教师和学生身上得到了最完满的体现。

感谢这些学生，他们年纪虽小，情怀却很大；身躯虽小，心灵却广博；脸庞虽小，善行却伟大。这些学生成了“博善”教育理念最好的脚注，他们走到哪里，“博善”就传播到哪里。

(三)光荣的践行者

一个理念是否真的能够发挥它的效用，其评估结果必须来源于亲身被这理念熏陶的人群。作为学校教育的主体，学生自然成了学校理念的活招牌，学生走到哪里，教育的光辉便播洒在哪里。因为每一位学生从步入校园的那一刻起，他的身上就被印刻上了这所学校的标记，他的举止言谈、行为规范都体现着学校教育的成效。一个高贵的灵魂能够点亮一所学校，正如一颗星星能够闪耀天空一样。流溪小学认为，学生的成长才是学校教育评估的真指标和活指标。

在水的滋养下，流溪小学的学生践行着“博善”教育理念，力图使自己“博通古今，善行天下”。光荣的事迹就在这种践行过程中慢慢浮现出来，被大家称赏，并为后来人铭记。

张杨，一个天真孩子气里透出几分成熟的小女孩，小小年纪，就以出色的表现，赢得了同学们广泛的信赖和教师们的高度评价。她聪明勤奋，品学兼优。一路走来，她洒下滴滴汗水；一路欢歌，她收获了累累硕果。她不仅在校内是一位全面发展的佼佼者，在全市中也小有名气。近年来，她在快乐的成长路上留下了光辉的一串串足迹：她在 2009 年第四届和谐春晚舞蹈比赛中，获少儿组金奖，并获进京参加全国展演资格。在从化市图书馆举行的故事大王比赛中，她连续 3 年获从化市一等奖；2010 年获从化市小学生“阅读历史故事，传承中华文化”一等奖，广州市二等奖；2011 年获“诗润南国”小学生儿童诗歌创作比赛三等奖；2011 年在“穗疏青少年民族团结交流营”中表现优越，被授予“民族团结红领巾使者”；2011 年竞选成为广州少先队理事会联络部的理事，2012 年竞选成为广州少先队理事会组织部部长；2012 年被评为广州市优秀少先队员；2013 年被从化市选为从化市绿色之星，并进入羊城小市长总决赛。

> “如果这里是一片灿烂的星空，她就是最闪亮的一颗；如果这里是一片美丽的花园，她就是最芬芳的那朵。”
>
> ——流溪小学师生如是说。

三好小达人

张杨身上总是体现着蓬勃向上、孜孜不倦的求知精神。正是凭着这种勤勤恳恳、不服输的拼搏精神，她的各科成绩在班上一直名列前茅，她多次在学校的竞赛中获得奖项。“问渠那得清如许，为有源头活水来”，在认真学好课本知识的同时，她每天徜徉在书的海洋中，安徒生童话、名人故事、四大名著……她都爱不释手。由于广泛阅读，勤于练笔，张杨的作文写得很棒，经常被老师当作范文在班上当众朗读。正因为自觉和勤奋，学习上对自己高标准、严要求，她每个学期都被评为优秀少先队干部、“三好”学生。

图 2-6　学生张杨

“垃圾”小帮主

张扬不仅成绩优异，才艺超群，而且身兼数职，既是六(2)班的班长，又是学校的大队长、广播员、形象大使……她每天都协助老师处理许多力所能及的事情，而且乐在其中。在这个过程中，她得到了锻炼。在垃圾分类活动中，她身体力行，从不放弃。刚开始，部分同学并不配合做好垃圾分类工作，还给她起了个绰号“垃圾帮帮主”。可张杨没有退缩，她明白作为大队长，要扛起这个责任，并不介意做“垃圾帮帮主”。她只想号召每位同学都做好垃圾分类，并应用于生活中，让学校更清洁，让我们从化的环境更漂亮，让我们的世界更美好。所以她不厌其烦地与学校辅导员刘老师沟通，制定规章制度来进一步管理。比如，倒垃圾的同学要带上班级值日生袖章，用打分制对班级垃圾分类情况进行评比等。现在学校的同学基本上已经能按要求做好垃圾分类工作了，这让她感到非常开心。由于同学们视她为榜样，2012 年学校公开竞选大队长，她以绝大多数的票数通过。几年来，她勤勤恳恳地为同学服务，为老师分忧，成了学校的“公众核心人物”。尽管工作、学习繁忙，但她那公正无私、一丝不苟的工作精神，总是让同学们心悦诚服，让老师们放心。从每天队干部值日到在广播站按时开播、协调同学关系、出黑板报……她总能处处以身作则，有条不紊。同时，她又是一名出色的校园主持人。在每次全校升旗仪式、课间操、大型学生活动上，同学们总能看到她那闪亮的身影，她多次被评为校园优秀主持人和优秀播音员。

可爱小雏鹰

寒来暑往，春华秋实，当驻足于流溪校园时，当看到张杨那时常忙碌的身影时，我们会陡然感到她已不再是一个普通的孩子，而是即将展翅高飞的雏鹰。她在这满是诗画的季节里，正扇动着日渐丰满的羽翼，向着明日高远的苍穹，时刻准备着横绝四海的翱翔！

（流溪小学学生）

苏联的大教育家苏霍姆林斯基曾说："儿童的时间应当安排满种种吸引人的活动，做到既能发展他的思维，丰富他的知识和能力，同时又不损害童年时代的兴趣。"因为，只有通过这些实实在在的事件，儿童才能真正与这个世界发生碰撞，也才会从这些碰撞中做出反应，从而体验生命的真正内涵、意蕴，更好地理解生活，理解学习，理解课堂，理解教师，理解世间的一切。

英国哲学家洛克说：儿童不是用规则可以教得好的，规则总是会被他们忘掉的。……习惯一旦培养成功之后，便用不着借助记忆，很容易地、很自然地就能发生作用了。

综上所述，给学生自由发挥的空间，也要安排好相应的符合学生天性特征的一系列情境，让他们能够通过实际参与，与世界更好地相处，与身边的人更好地相处。在这一过程中，培养学生良好的行为习惯以及思维习惯就变得至关重要。

当下是个特殊的网络时代，学生的思维和行为总是或多或少地要受到网络的影响，这种影响或好或坏。所以，由于年龄的限制，有的学生可能无法甄别这种网络信息的好坏，因此他们的确需要接受管教和指导。教师和家长需要进行正面的引导，使他们遵守一系列的规范和要求。但这样的规范和要求不应该是硬邦邦的规则。流溪小学注重的是给学生提供培养自我与他人、自我与社会、自我与世界关系的机会，使学生养成好的行为习惯，从而逐步理解“博善”的理念内涵。

教育一定要兼顾所有的事业，不可偏废，一定要全面地考查学生的天性、未来的发展、人格、性格等各方面的内容。如果他们处处事事都需要在管教和指导之下，那么他们是不大可能学会自制和自我指导的。而一旦这样，“博善”的理念就难以落到实处，就会成为一纸空文。

水光潋滟，源远流长。就人的生长以及发展而言，教育是一个积厚流光的过程；就师生的成长和成就而言，流溪小学是一所积厚流光的学校。

教育从理念到实施，其实都是在弘扬一种德性，彰显一种德行。这种德性和德行既出自天性，又依赖于前代人的积攒，同时也离不开当代人的护佑。流溪小学“善行天下”的校训、“水品育人”的德育理念、丰厚的历史是背景，是铺垫；丰富的实践是投入，是保障。因为，丰厚的历史可以给学校提供一脉相传的理念思想，而投诸当下的教育实践则是对这种理念财富的最好利用。所以，评估一所学校，既要看到它形而上的理念精神的引领，同时也要付诸形而下的教育实践的操作。那么，在这个观念的指导下，我们不仅要去关注理念，更要关注传播并且践行这种理念的人。在学校中，这人既包括实施教育行为的教师，同时也包括接受教育行为的学生。

“上善若水”，追求真、善、美的价值，弘扬善的德性和德行，营造良好的道德风气，是学校办学和育人的题中应有之义。流溪小学对于善的追求，对于立德树人教育目标的追求，有着丰赡的积淀和深厚的底蕴。美善的德性、美善的德行就像渡舟，把学生从本能的此岸渡向高尚的彼岸。生命在孜孜以求的朝夕、拔节成长中变得丰满灵动起来，就像种子一样，从破土的那天开始，便一路奋发向上，披荆斩棘。学生的世界单纯而明净，光辉铺洒下来，整个世界都是光芒四射的，纯真的脸庞总是挂满十足的自信与勇气；他们朝气蓬勃，书生意气，在幸福的体验中学习新知，在知识的海洋里自由翱翔。感受快乐才能创造未来，相信流溪小学的学生，会在不断的创造中走向人生的开阔地。

第三章

博为桨橹　舟子在手

——“博善”之教育实践

清晨，快乐的鸟儿唱着歌，孩子们踏着轻盈的脚步走进校园；下午，斑驳的光影铺就和点缀着孩子们的放学之路。对于流溪小学，每一个孩子心中可能都有不同的印象、不同的感受、不同的记忆、不同的画面。它可能是一束束的鲜花、一缕缕的阳光，也可能是一张张纯纯的笑脸、一句句暖暖的祝福。但相同的是，在美丽而温暖的校园里，孩子们度过了最美好的童年时光，孩子们收获着最丰富的成长记录。

以水为源，以水为鉴，“善”之一字显得意义非凡，象征生命，象征智慧，象征包容和友爱，象征德性与德行。水让道德教育成为一种无言的润泽、无声的洗礼，细致入微；善的种子，从孩子们心灵的土壤中破土而出，渐渐发芽拔节，总有一天会长成参天大树。

与水为伴，以水为师，“博”之一字同样显得意义非凡，以静谧、安详、平和之姿，彰显坚忍、顽强、不懈之质，永不停歇地追求博大与开阔的生命境界。水让知识教育、素质教育的河道变得无限宽广；博的底蕴，渐渐夯实了孩子们生命的根基，把一颗颗纯真的心带向美丽而又神奇的大世界。

“博通古今，善行天下”，在流溪河水的波光艳影里，师生们乘着博善之舟，在智慧的王国里奇思妙想，自由航行。生命中一切有趣的事情都被呈现在教育的乐园当中，从校园到课室，从饭堂到寝室，哪怕是不起眼的林荫小道，都回荡着快乐的气息。在流溪的柔波里，孩子们感受到教育的幸福；在博善的私语里，孩子们体验到学习的愉悦。

第一节　浮翠：闳览博物——学校的课程建设

“沿着校园熟悉的小路，清晨来到树下读书。初升的太阳照在脸上，也照着身旁这棵小树。……亲爱的伙伴，亲爱的小树，和我共享阳光雨露。让我们记住这美好时光，直到长成参天大树，……”

为了让一棵棵稚嫩的小树苗成长为参天大树，辛勤的园丁需要付出心力和汗水，需要给予养料和水分。如何构建既符合素质教育要求，又与学校培养目标匹配一致的课程体系，是每一所学校优质办学都必须着力解决的核心问题。《国家中长期教育改革和发展规划纲要(2010—2020年)》提出：“树立以提高质量为核心的教育发展观，注重教育内涵发展，鼓励学校办出特色、办出水平，出名师，育英才。”培养个性鲜明、素质全面的人才，已经成为当前义务教育改革与发展的必然趋势。学校不能“千人一面”，必须办出特色，实现内涵发展，培养素质全面、个性鲜明的学生。如何才能达到这一目标呢？必须也只能依托课程。对于学生来说，课程就像一条跑道，要经过这一过程，向着预定的目标前进。流溪小学在“水文化”学校特色发展和“博善”教育实施过程中，从课程的建设到课堂教学的改革，迈出了坚实而成功的步伐，在素质教育的道路上取得了显著的成效。

一、视界就是世界：学校的特色课程

对于一所学校来说，课程是育人的载体，教师是课程实施的中介。

课程是指学校学生所应学习的学科总和及其进程与安排。广义的课程是指学校为实现培养目标而选择的教育内容及其进程的总和，它包括学校教师所教授的各门学科和有目的、有计划的教育活动。狭义的课程是指某一门学科。

一般而言，课程可分为文化课程、活动课程、实践课程和隐性课程。文化课程包括国家课程、地方课程、校本课程；活动课程包括阳光

体育、大型活动、兴趣小组生会、团委等学生团体组织的自主活动、综合实践活动；实践课程包括劳动实践、研学活动等；隐性课程包括除了上述几类课程外，一切有利于学生发展的资源、环境、学校的文化建设、家校社会一体化等内容。

校本课程是国家课程的重要补充。与国家课程相比，在校本课程的开发过程中，课程编制、课程实施和课程评价呈“三位一体”的态势，形成统一的三个阶段，并由同一批教师负责承担。当然，校本课程是相对国家课程而言的，它是一个比较笼统的和宽泛的概念，并不局限于本校教师编制的课程，可能还包括其他学校教师编制的课程或校际教师合作编制的课程，甚至包括某些地区学校教师合作编制的课程。

“教育要培养什么样的人?”毫无疑问，这个问题是教育领域的原点问题和根本问题。

在中国古代的先秦时期，中国儒家文化的奠基人、大思想家孔子系统提出和完整阐释了包括“天人合一”思想、“中和”思想、“和合”思想在内的和谐哲学思想。和谐哲学思想渗透在孔子的教育思想与教育实践中，不管是他对育人目标的阐发，还是对教育实践中教学内容的安排、教学过程的设计与教学方法的运用，孔子教育教学的每一环节都充分体现了他的“和谐”追求。

“知者乐水，仁者乐山；知者动，仁者静；知者乐，仁者寿。”这是孔子所说的几乎所有中国人都耳熟能详的一句话。水有静谧、安详、平和之姿，善于向大自然学习的孔子以水为师，把和谐作为一种哲学思想、人生态度和教育理念来追求。

在人才的培养上，孔子的回答是要培养圣人、君子或成人。圣人、君子是最为理想化的育人目标，而“成人”的培养则应该是育人最基本的要求。那么，什么样的人是成人?《论语·宪问》中有相关记载：“子路问成人。子曰：‘若臧武仲之知，公绰之不欲，卞庄子之勇，冉求之艺，文之以礼乐，亦可以为成人矣。’”朱熹的《四书集注·论语集注》对“成人”注解如下：“成人，犹言全人。”“全人”即全面发展的人，孔子认为在知、情、勇、艺等各方面都得到发展的人，便可称为“成人”。正是从此种思想出发，孔子强调把知、仁、勇三者统一起来，以培养学习者成为“成人”“君子”乃至于“圣人”。知、仁、勇“三达德”的统一，从教育实践上讲，实质上就是智育(“知”)、德育(“仁”)、体育(“勇”)的统一；从心理学上看，是认识(“知”)、情感(“仁”)、意志(“勇”)的统一。这两种统一，便为人的全面而和谐的发展奠定了必要的基础。“六艺”教学内容及“因材施教”“循循善诱”的教学过程和教育方法，都可以被视为其和谐教育思想的外化和细化。

孔子以后，历代不少思想家、教育家都抱持和谐教育思想。明代大思想家王守仁在前人有关表述的基础上，颇为明确地提出了和谐教育思想。《训蒙大意示教读刘伯颂等》有言：“故凡诱之歌诗者，非但发其志意而已，亦所以泄其跳号呼啸于咏歌，宣其幽抑结滞于音节也；导之习礼者，非但肃其威仪而已，亦所以周旋揖让而动荡其血脉，拜起屈伸而固束其筋骸也；讽之读书者，非但开其知觉而已，亦所以沉潜反复而存其心，抑扬讽诵以宣其志也。凡此皆所以顺导其志意，调理其性情，潜消其鄙吝，默化其粗顽，日使之渐于礼义而不苦其难，入于中和而不知其故。是盖先王立教之微意也。”王守仁认为，对学习者来说，教育就要“开其知觉”“调理其性情”“发其志意”或“顺导其志意”“导之以礼”，亦即要使受教育者的知、情、意、行得到协调统一的发展。不仅如此，还要“动荡其血脉”“固束其筋骸”，亦即使受教育者的身心也处于和谐发展之中，最终“入于中和而不知其故”。他进一步指出，这种使人获得和谐发展的主张，乃是“先王立教之微意”，也就是我国自古以来兴教育人的根本目的。

进入近现代以后，西学作为新教育的重要内容进入中国教育体系之中。但与此同时，我国还是有一些著名的思想家、教育家举起了和谐教育的旗帜，在继承先贤的基础上，又赋予了教育新时代的色彩。王国维的有关主张便富有典型意义，他在1906年发表的《论教育之宗旨》一文中写道：“教育之宗旨何在？在使人为完全之人物而已。何谓完全之人物？谓人之能力无不发达且调和是也。人之能力分为内外二者：一曰身体之能力，一曰精神之能力。发达其身体而萎缩其精神，或发达其精神而罢敝其身体，皆非所谓完全者也。完全之人物，精神与身体必不可不为调和之发达。而精神之中又分为三部：知力、感情及意志是也。对此三者而有真美善之理想，‘真’者知力之理想，‘美’者感情之理想，‘善’者意志之理想也。完全之人物不可不备真美善之三德。欲达此理想，于是教育之事起。教育之事亦分为三部：智育、德育（即意育）、美育（即情育）是也。”这段话的和谐教育思想是十分明确的。“调和”即和谐，“发达”即发展；“调和之发达”显然就是和谐发展之意。王国维认为，教育的根本目的就是要培养“完全之人物”。所谓“完全之人物”，就是身心两方面均获得了和谐发展的人。而要实现这一培养目标，则必须实施体育和心育（智育、德育、美育）。王国维的和谐教育思想，是以孔子开创的知、仁、勇、艺四者和谐统一的传统教育思想为基础，又吸收了近现代的心理学知识而形成的，其核心思想是身心和谐发展，以培养“完全之人物”。

在智育、德育、美育三者合一的完人教育理想中，流溪小学把善视为最突出的教育理念。这既是贯彻落实立德树人的国家教育目标要求，也是流溪人对教育的理解和表达。但与此同时，流溪人也深深地认识到，教育要培养的是全面发展的人。德育是底蕴和底色，而知识教育、素质教育尤其是美育，是学生腾飞的翅膀。

视界就是世界，在课程建设中，流溪小学极力拓宽、夯实学校课程平台，扩大课程容量，以适应不同素质、不同禀赋学生的个性化需求，同时打造具有流溪特色的课程文化。

作为课程改革的重要内容之一，流溪小学从校本课程入手，积极实施“博善课程”与“水墨童年”的校本特色课程。学校的特色课程包括基础课程、活动课程、环境课程以及综合实践活动四大块。其中基础课程包括国家课程、地方课程与校本课程；活动课程包括四大节日（文化节、艺术节、科技节、体育节）活动与特色活动（棋类、书法、水墨画、跳绳、管弦乐、篮球、足球等）；环境课程包括人文环境课程（垃圾分类、践行核心价值观、创先进班级等）与文化物象课程（涓涓流溪、流溪香雪、主题大堂、文化廊等)；综合实践活动包括野外拓展、流溪河环境探究等活动。特色课程的开展都是紧紧围绕“水文化”意象以及“博善”教育理念的，这是理念在实践操作上的具体体现。再好的理念，只有运用于实践，成为指导实践的理论，这个理念的作用才算真正发挥出来了。特色课程的设置，使这些书面的理念落到了实处，不再是空头支票，而成了切切实实的、具体的、可实施和可操作的课程。

在如今的流溪小学中，科技体育、跳绳、围棋、象棋、儿童诗创作、水墨画、书法、足球、舞蹈、竖笛等特色项目方兴未艾，弘扬个性的学校社团如美术班、信息技术班、羽毛球队、英语兴趣班、竖笛班、艺术团、围棋队、语文兴趣班、舞蹈班、足球队、象棋队、数学华罗庚兴趣班、水粉画班、乒乓球队、小品队、篮球队、绘画班、田径队、合唱团、科技团、书法班、跳绳队、诗歌班等为学生的童年增添了美妙的色彩，也为学校发展学生的多元智能，培养多元人才提供了舞台，如图 3-1 和图 3-2 所示。如果说“博善”教育承载着学生健康成长、多元发展的梦想，那么，优美的学校环境和丰富的课程资源，则为学生的快乐成长搭建了“展示特长，发挥潜能”的舞台。

图 3-1　博善流小，魅力无限

图 3-2　多元流小，学习有效

二、插上翅膀便能飞翔：学校的特色课程实施

特色课程是学校特色文化的体现，更是着眼于全体学生的个性化发展，是针对不同学生的个性差异而设置的课程。流溪小学的特色课程特别强调丰富性、多样性和高选择性，通过必修课程、选修课程、渗透课程和综合实践活动课程等形式实施。在课程实施过程中，我们教师根据不同的教学目的和任务、教学过程的规律和原则以及师生的水平创造性地运用形式多样的教学方式方法，力求给学生插上腾飞的翅膀。

(一)在诗书礼乐中描绘多彩的生命

生命的本质是灵动的，是飞扬的；生命的色彩是明亮的，是热烈的。世界是美丽的，是多元的，是诗情画意的；学生是单纯的，是炽热的，是直抒胸臆的。水给了人们生命，给了人们爱恋，给了人们对远方的期盼和想象。除了繁芜的江湖外，我们都还拥有诗和远方；除了天空中的星辰外，我们都还可以博弈黑白；除了岁月中的琐事外，我们都还能够转轴拨弦；除了尘俗中的油盐酱醋外，我们都还可以水墨纵横。"博善"的号角在风中呐喊，每个人的生命都不是单调无味的，那些琴棋诗画钩织出来的灵动，值得我们用一生回味。在流溪小学“水文化”的熏陶中，多元的课程被打造出来，真诚的学生的艺术细胞被激发出来。他们是艺术的宠儿，他们用悟性与慧根在艺术的殿堂里“博通古今”；经过时间的洗礼，终有一朝，他们能够博采众长，“善行天下”。

1. 在诗意中栖息

孔子曰：“诗，可以兴，可以观，可以群，可以怨。”在诗性思维的指导下，我国自古以来就是一个诗歌的国度，许多璀璨的诗篇润泽着一代又一代人的心灵，给人们以艺术的享受、熏陶和教育。从古代的传统五言诗到七言诗，再到近现代的新诗，诗歌在中华大地上一直都是光彩夺目的一朵奇葩。在这众多的诗歌类别里，有一种凝结着儿童精神思想的诗歌产物，那就是儿童诗。

儿童诗指一种特别重视节奏、声韵的美感，文字流利自然，内容生动活泼，富有童情和童趣，适合儿童念唱或朗诵的诗作。这种诗歌在样式方面具有短小、精致、富有韵味的特点，非常符合学生的认知规律和语言发展规律。儿童诗也是儿童用自己的思维感受世界，从而付诸语言文字表达的一种方式，是儿童抒发内心感受的一个渠道，也是儿童对传统诗歌的一种瞻仰和临摹。儿童的天性是好奇，好幻想。儿童诗恰好符合儿童的这种天性，所以能投其所好，并最大限度地激发儿童习作的兴趣。儿童的想象力发展较早，儿童诗的创作可以用其所长，把儿童潜在的想象力发展成创造思维能力。儿童诗的语言精练、音韵优美的特点，对于规范学生的语言有着无法替代的作用。综上所述，这足以说明开展童诗创作的必要性、可行性，能更好地体现学校“博善”教育理念与品牌。

作为中华民族广博文化的代表，诗歌是最能表达人们内心情怀的文字呈现方式。诗歌是美的，也是善的，孔子所谓“尽善尽美也”。但在诗歌的教学中，不管是朗读，还是解析，还是再创作，都需要独特教学方法的支撑。作为诗歌教学的主力军之一，潘慧群老师对此有着独到的见解。

情真而意切

诗歌必须以诵读为学习方法，学生在诵读中感受语言的美、艺术的美，从而体验生命的美。我在每周三早读安排10分钟“诗歌诵读时间”，确保充足的诗歌诵读时间。我采用多元化诗歌教学的有效教学方法，激发了学生的诗性，满足了学生的多元需求，促进了学生的多元发展。

一、读出韵律画面的“美”

在诗歌教学中，一是加强诵读，让学生入情入境地读，读出诗的节奏美、音乐美，读出美感来，通过眼神、手势、姿态等，创造性地表现诗歌；二是联系学生的生活经验，借助想象，调动学生所有的感官和情趣，让他们感受诗的艺术美。

二、读出故事的“趣”

创编童趣故事是学生喜闻乐见的一种活动。它对于激发学生的兴趣，培养学生的情趣、想象、创新等能力方面有重要意义。针对学生这一心理的特点，我在教学中，把诗歌创编成一个富有童真童趣、贴近学生生活的故事。故事充满生活情趣，再加上我幽默风趣的语言、动作，逗乐了学生。学生喜欢！

三、读出见识的“广”

开展现代儿童诗歌写作教学，必须先从引导学生收集大量诗歌，诵读大量诗歌入手。我除了给学生汇编《小学课本儿童诗歌集》教材外，还推荐学生阅读优秀作品，特别推荐了雪野主编的童诗读本、魏春峰主编的童诗读本、陈晓冰主编的童诗读本。

我会增加学生的诗歌阅读量。学生对诗歌也由陌生到熟悉，从理解到喜爱，渐渐体悟到诗歌的魅力，同时也为诗歌创作准备了充足的素材和写作能量。

四、学会欣赏，陶冶诗心

诗歌欣赏教学环节如下。

一是初读诗歌，了解这首诗描绘的画面。

二是通过物象分析，明白这首诗描写的物象，了解比兴的写作手法。

三是品味好词，通过朗诵体会诗歌用词的妙处——准确，动静相生。

这样的赏析指导，可以促进学生审美能力的发展，激发学生热爱自然的思想感情，还陶冶了学生的诗心，教会了学生初步欣赏诗歌的方法。

行云若流水

除了读出生命的真意外，还要写出生命的生意。我每两周上一节现代儿童诗歌教学课，指导学生写作。我每周要求学生写一首现代儿童诗歌，我来批改。为了教学生写诗，我以多元的方法启发学生，在平淡无奇的生活中，在司空见惯的事物中，让学生努力捕捉灵感，用童心和稚气去看待世界，用独特的视角观察生活，发掘情愫美，抒发诗意。

一、范文引路，从模仿入手

模仿是诗歌写作的基础。学生具有模仿的天性，对于初学写诗者，常用的授课方式是让其模仿。学生从模仿中探究写作规律，理解其中的写作原理，掌握写作方法，从而迁移到自己的写作实践中来。学生在范文的引路下，可以轻松地获得改编的乐趣。

二、创新写作，彰显个性

学生有了模仿改编的经验，个性创作就会水到渠成，一篇篇真情实感的诗歌就像浪花朵朵朝岸边涌来。

在诗歌教学中，我要求学生以身边的事物为题进行创作，让学生捕捉它的特点，并摄取与之能形成联系的场景，进行描写。有时，我让学生随时抓住自己最真实的、最想表达的心情，用诗歌的形式写下来。在我的提示和启发下，这样就有了一首首学生心仪的小诗。

兴之所至处

我是这样评价学生的。

在学习期间，采用多元的评价方式，对学生进行个性化发展的评价。采用自评、同伴评、家长评、教师评等评价形式。

当学生有了诗歌的写作兴趣，我们要珍惜他们的写作成果。哪怕成果小，也要给予鼓励，加以肯定，给予他们不寻常的爱，把他们领进诗歌大门，启蒙创作。

我的做法有如下四种。

一是对于学生每一次的诗作，教师及时修改点评，家长参评，再发送到教师的QQ群“诗乐园”，供大家欣赏交流，共同进步。

二是及时把优秀的诗歌作品投稿，让学生尝到“诗人”的喜悦。

三是设置班级“诗歌秀”，展示学生创作的优秀作品，让同学共评共赏。

四是每一学期举行两次儿童诗歌朗诵欣赏会，朗诵学生的优秀作品，让他们感受诗歌的魅力。

（潘慧群）

总之，“兴趣是最好的老师”。只有激发了学生对现代儿童诗歌的兴趣，读好、学好、写好现代儿童诗歌才会水到渠成，开花，结硕果。好的教师能够培养学生这样的兴趣，激励他们，引导他们，赞赏他们。

人生的悲欢离合、喜怒哀乐都可以通过美丽的诗句得到抒发。那些暗藏在心中无处诉说的情绪像是要把人碾压一样，然而奇妙的文字让这种碾压的计谋无法得逞，因为文字的表达，让积聚在胸腔中的情绪得到了最大程度的释放。好的教师，正是能够像潘慧群老师一样，用自己独具匠心的手法，把一个个稚嫩纯洁的生命点化成具有诗性思维的大诗人，让他们在“诗乐园”里高声吟咏，在“诗乐园”里低眉紧锁，在“诗乐园”里直抒胸臆，在“诗乐园”里行云流水。

一分耕耘一分收获，经过浇水、施肥、拔草、除虫的嫩芽终于吸收着阳光与雨露，很快成长了起来，并开出了艳艳的红花，馨香飘逸致远。

待到花烂漫

初春的阳光照进窗户，世间的一切都开始苏醒。草儿在门前的大地上睁开惺忪的眼睛，流溪河里的水声开始了她的叮咚，“诗乐园”里早已繁华一片。这烂漫的景象轻抚着学生的心灵，他们的努力总算没有白白浪费，他们都在自我评估，原来收获是如此丰盛。

第一，学生提高了诵读诗歌的能力。儿童具有丰富的想象力和真挚的情感，富有鲜明的个性。学生在一次次的美读指导中，渐渐掌握了诵读方法和技巧，诗歌诵读水平有了很大的提高。优美的诗歌诵读声在校园里一波一波地荡漾开来。诵读诗歌也成了校园里的一道亮丽的风景。

第二，学生提升了诗歌写作的水平。学生通过对现代儿童诗歌的品读、模仿、创作和评价，了解了有关现代儿童诗歌的基础知识，并初步学会了欣赏。在学习中，他们都积极进行现代儿童诗的创作。两个学期以来，实验班人均创作 20 多首各种题材的诗歌，共计近千首。有的诗歌质量很高，实验班收集了 10 本《童诗手抄本》。

第三，学生激发了诗歌学习的兴趣。学生培养了现代儿童诗歌习作兴趣。有兴趣的多写，无兴趣的可少写，也可以不写，教师并不强求。学生的课业负担没有加重，很多学生仍学得饶有兴趣。在课堂教学中，学生以读诗、写诗为乐，互相传阅，互相品赏。

第四，学生增加了诗歌的阅读量，对诗歌变得更加喜爱，渐渐体悟到诗歌的魅力。

第五，学生品尝了写作的甜头。在 2012—2013 年广州市的第八届、第九届“诗润南国”小学生儿童诗歌创作比赛中，有三人获一等奖，两人获二等奖，一人获三等奖。一首诗歌入选《全国小学生优秀作文选》“向党的十八大献礼系列丛书”。学生创作的作品还刊登发表了 31 首，有 7 首入选《流溪之趣》。在课题研究里，教师实实在在地创作，培养出了一批小诗人、小作家。学生在课题研究的促进下，写作水平有了很大的提高，得到了肯定。

第六，学生写诗受到了熏陶。不少学生深深爱上了诗歌，编写了个人的诗集。创作童诗的过程给学生带来了较大的影响，使他们受到了启发，受到了熏陶，提升了他们的文学素养。

她在丛中笑

学生细数的声音渐渐停下来，教师的喜悦是那样的抑制不住。这苦心的播撒终究到了收获的时节，望着流溪河多情的水波，那粼粼的波光泛起层层涟漪，原来是教师的笑靥打动了河水。水也不自觉变得灵动起来，开始诉说起教师的战绩来。

第一，探讨出了儿童诗诵读、欣赏和创作的有效教学模式。我们强调，在课堂中，一切以学生为中心，以学生发展为本。要充分发挥学生的主体作用，鼓励学生积极参与，勇于实践，以促使学生诗情激荡，思维飞扬，使课堂诗意弥漫。根据这样的原则，我们经过实践，总结了诵读、赏析、仿作、改写、创作、采风六种教学模式。

第二，提炼出了几种儿童诗创作的方法：比喻法、夸张法、拟人法、假设法、对比法、排比法、摩声法、疑问法等。

第三，汇编了课题研究成果(童诗诵读材料)《小学课本儿童诗歌集》。

第四，汇编了师生(以学生为主)创作诗歌《春之曲》《诗韵流溪》，共收录了近百首诗歌；在《乡村语文报》上出版了“诗韵流溪”专辑。

第五，撰写了课题研究教学论文《诗乐园——儿童诗有效教学浅谈》，公开发表在《教育现代化》上，并荣获了中国教育学会教育机制研究会举办的第十二届“现代教育理论与实践全国教师优秀教育教学论文评比大赛”一等奖；撰写了论文《诗意天地——儿童诗有效教学浅谈》、教学反思《飞翔的翅膀》、行动研究报告《最快乐的写作》。

第六，撰写了两篇教学设计《想象的翅膀》《小雨滴的诗意旅行》。

第七，参加了广州市的第八届、第九届“诗润南国”小学生儿童诗歌创作比赛，三位教师获得了“优秀辅导老师”称号。我参加了 2013 年的第九届“诗润南国”创作比赛，获得教师组一等奖。

第八，通过儿童诗教学研究，提高了教师的儿童文学素养及教研教改能力，让教师更多地拥有了一种儿童情怀，让语文课更多了一些儿童的视角。

(潘慧群)

红花逸香，那是对汗水最好的报答。春风拂面，山花烂漫。看，诗乐园里锦绣一片，无论是广博还是慈善，都在水的包裹下以诗的方式出场；听，流溪园中掌声雷动，无论是悲欢还是离合，都在诗的装裱下以情的手法闪亮出现。一场关于青春、关于梦想的号角正在吹响，小诗人们整装待发，诗的王国将上演一场世纪盛宴，让我们拭目以待。

2. 在纸墨里相逢

诗书礼仪，纸墨笔砚，当这些美好的事物重逢，在岁月的转角处，生命在横竖撇捺、起承转合中体验到飞跃的圆润与洒脱。作为中华文化世代相传的文化瑰宝，书法的光芒从来未曾退却；在流溪水墨的校园氛围中，书法自是必不可少的。

书法是中国传统文化艺术发展最具有经典标志的民族符号。它是用毛笔书写汉字并具有审美惯性的艺术形式。书法有着强烈的吸引力、仪式感和大众参与性。各时期的代表人物灿若星河，最重要的人物有王羲之、颜真卿、黄庭坚、米芾、赵孟頫、祝允明、王铎、柳公权、苏轼、于博、欧阳询、虞世南、褚遂良等。书法技法讲究执笔、用笔、点画、结构、墨法、章法等，与中国传统绘画、篆刻关系密切。书法是汉字的书写艺术。它不仅是中华民族的文化瑰宝，而且在世界文化艺术宝库中独放异彩。汉字在漫长的演变发展的历史长河中，一方面起着思想交流、文化继承等重要的社会作用，另一方面又形成了一种独特的造型艺术。中国的书法艺术开始于汉字的产生阶段。“声不能传于异地，留于异时，于是乎文字生。文字者，所以为意与声之迹。”因此，产生了文字。书法艺术的第一批作品不是文字，而是一些刻画符号——象形文字或图画文字。

学习书法，进行临摹与创作，不仅是对中国汉字的一种赏析，同时对于提升学生的个人气质修养都有很重要的作用。在当下这个键盘输入法的时代，汉字的书写显得格外重要。学生发现书法的魅力，感受书法飘逸浑厚的美，在这种美的享受中体会中华文字的博大精深。同时，学生在个人修养方面也能受益匪浅。所以，学校开设书法特色课程，就是对中国传统文化的一种尊重与传承。在笔墨纸砚交织成的世界里，学生能够感受到与现代工业文明不同的一种文化氛围，这种氛围是书香与墨香融合，人气和书卷气融合的氛围，如图 3-3 所示。这不仅是一种学习，更是一种享受、一种艺术的熏陶。

图 3-3　水墨之香

流溪小学很重视书法教学，并把书法作为学校的一个特色课程来建设。三、四年级每周开设一节书法课，让学生了解、学习中国书法的基本知识和技能，培养兴趣，提高素质，如图 3-4 所示。在每周二下午第二、三节，学校开设书法兴趣课，让书法特长学生学习书法，让学生更好地继承中国优秀传统文化艺术。学校专门设定书法专栏，吕惠聪老师在书法课上展示学生的好作品，让同学们互相学习和交流。学校在每个学期都举办一次全校性的书法现场比赛，以提高学生对书法的兴趣，这对继承和弘扬中国优秀书法艺术有很大的推进作用。

图 3-4　书法课

从篆隶的古朴到行楷的圆润，再到草书的张扬，博大精深的中国书法像一座丰碑一样，赫然屹立在历史的长河当中，用一种独一无二的美惊艳着全世界人。那些目不转睛的衷情，那些叹为观止的赞美，那些牵肠挂肚的歆羡，都在毛笔的应用自如里像水一样倾泻开来。中华民族孕育着这样的文化瑰宝，它灿若云霞，倾国倾城。在"博善"的思维感召下，流溪小学的特色课程重温国粹的光辉；在书法的天地里，万物倾泻于笔端；在笔墨纸砚的碰撞下，学生的天空芳香四溢。

3. 在水墨中绽放

水墨的碰撞就是山川风物、烟雨迷蒙最好的呈现。不管是大漠孤烟、长河落日，还是江南水乡、莺飞草长；不管是大雁南飞、水天一色，还是海浪滔天、鸟语花香；不管是独上高楼、伊人如梦，还是倾国倾城、在水一方，水墨都能以它最独特的表现方式还原当时的情境。在水与墨的点化与渲染下，"博善"的世界美轮美奂，不可言表。

在小学艺术教学中，儿童的天性、率真与程式很强、规范很严格而且积淀又这么深厚的一种文化遗产相互碰撞。儿童从小就要接受传统文化的熏陶，与我国的传统艺术靠得更近一些，同时将自己幼小稚嫩的感情融入笔墨，将水墨画的高雅、深奥与儿童的童趣、游戏结合起来。在这样激起的火花中，我们会看到儿童的天性得到了尊重，传统艺术得到了拓展。在学校实施的特色课程活动中，美术学科组编辑了低、中、高3套水墨画教材，并在日常教学中开展水墨画教学。刘旭泉老师在教材的开发和利用过程中，对水墨画教学做了一些探究和实践，得到了一些粗浅体会。

抓好水墨画教学的常规训练

第一，画水墨画需要使用较多的工具，如毛笔、生宣纸、调色盘、碟、水桶、垫布等，如图3-5所示。学生往往一时难以适应，并且我们进行的教学不是个别的教学，而是普及性的教学。为了使学生能正确灵活地使用这些绘画工具，并能整洁地完成作业，对他们进行常规训练是十分重要的。针对这一点，我采用的方法为：首先，用一定的课时向学生介绍这些工具及其用途；其次，讲述、示范使用多种工具的正确方法和姿势；最后，采用游戏的形式，指导学生反复练习怎样收摆工具、怎样协助教师做好课前准备工作及课后保洁收拾工作。这些事做的次数多了，再加上我每次课前反反复复地强调，学生逐渐领悟了这些常规的重要性，做起这些事情来也就很自觉了。

图3-5　画水墨画需要的工具

第二，抓好握笔姿势训练。国画是用软质的毛笔作画，它有独特的握笔方法。握笔方法的正确与否直接关系到绘画作品的效果好坏。毛笔的握笔方法与以前学生所接触过的笔的握笔方法不一样，对于学生来说是一种新事物。教师要讲解示范握笔的姿势，强调要悬腕悬肘，这样画出来的线条灵活多样、富有变化，如图 3-6 所示。

图 3-6　抓好握笔姿势训练

第三，教学生画水墨画，要教会他们掌握运笔蘸墨的基本规律。要让学生理解“墨即色”，指墨的浓淡变化就是色的层次变化；“墨分五彩”，指可以用多层次的水墨色度来代替不同的色彩。以墨为主要原料，加以清水的多少引为浓墨、淡墨、干墨、湿墨、焦墨等，画出不同浓淡(黑、白、灰)层次。一般来讲，用毛笔直接蘸墨画画，就是无变化的死墨。当墨中注入水，水、墨相融，就产生了具有干湿浓淡变化的活墨。只有趁湿的时候，在生宣纸上才会产生墨韵变化。一般是先蘸水，后蘸墨，再将笔调至尖浓根淡过渡均匀。随着作画使用时的消耗，墨色会自然地由浓到淡、由湿到干，产生出一系列的变化。尽量“一笔墨”用完后，再蘸墨，保持墨色的鲜活。

以游戏形式，逐步练习，掌握水墨画的基本笔墨技能

每一个画种都有自己的特色，水墨画的技能比较苛刻，如它的握笔、坐姿、用笔、调色等基本方法要求很高。学生学习水墨画时，教师不能一味地灌输；教师示范时更需要认真对待，使学生养成良好的学习习惯。在这个过程中，我以水墨游戏的形式由浅入深地逐步开展活动。

首先，让学生体验线条的流畅美，让学生动手用毛笔在宣纸上画出长短、粗细不同的直线、波浪线、折线、螺旋线等，使学生增强对毛笔的控制力，获得对用笔方法的感悟。其次，让学生体验浓淡墨的变化。我为学生准备了一盒水、一盒淡墨、一盒浓墨。开始时我请学生分别用

水、淡墨、浓墨任意画画，等到纸稍微干些后比较看有什么不同，学生就会发现浓淡有区分。接着我又让学生将三种色(水、淡墨、浓墨)交融在一起后在宣纸上作画，墨色交融，干、湿、浓、淡构成水墨淋漓的情趣世界。学生通过尝试发现墨的浓淡层次明显，效果极佳。学生通过一步一步由浅入深的尝试，不知不觉地掌握了水、墨调色的方法。最后，在用笔方法上，我采用比较法让学生感受到中锋、侧锋、顺锋、逆锋会产生不同的效果，体验线条的变化，如画一些点、线、面、枝条等，领会用笔的变化之美。

根据学生的年龄特点选择学习内容

对小学生进行水墨画教学，教师必须选择通俗易懂、简练易学的内容作为教材。小学生大都喜欢画小动物和一些色彩鲜艳而熟悉的水果或蔬菜。教师必须用这些通俗的、常见的、小学生所能理解的、但又简单易学的东西作为教材，而不能用成人的那套山水、花鸟、人物等技法进行强化教学。根据这一点，我从各类画册中筛选和裁剪出一些适合小学生的年龄特点、小学生喜欢的内容作为教材，分高、中、低三个年龄段。每个教学段的目标分别为：低年级的目标为能用毛笔、宣纸、墨色等材料或工具把记忆中的简单物象表现出来，正确运笔，构图恰当。中年级的目标为能掌握一些基本笔墨知识，并大胆用墨用色表现自己印象较深的山水、花鸟、人物等，自由组合，构图恰当，色彩自然。高年级的目标为能较好地掌握笔墨技巧，并具有一定的造型能力。讲求笔力和墨色的变化、色彩的运用，构图要自然，注意穿插有致、排列有序，初步会题款。然后，我对所选教材从步骤、运用方法及墨色运用三方面进行分析，自己再反复多练，在能熟练绘画的基础上进行教学。在教学中，教师应把着眼点放在引导学生感受、体验上；教师需要引导他们将看、画、玩融为一体，抓住学生的好奇心，引导学生去体验、感受、发现，鼓励学生表达个性，张扬个性。图 3-7 为学生创作水墨画。

图 3-7　学生创作水墨画

从“兴趣”入手，激发学生的绘画欲望

只有让学生对水墨画感兴趣，他们才会乐于参与。正如人们常说的：“兴趣是最好的老师。”在水墨画教学过程中，我们用常用的观察法、游戏法等多种方法来激励学生学习的兴趣，将游戏贯穿于活动的始终。例如，在“画小金鱼”这一活动课时，我首先设置了观赏小金鱼，让学生说说小金鱼的特征和生活习性，然后讨论怎样用画水墨画的方法画小金鱼。这时的学生个个兴奋不已，热情高涨地大声讨论如何画金鱼。有的说：“我要画红红的金鱼。”有的说：“应该用大毛笔侧锋画它的尾巴。”有的说：“眼睛应该用中锋画。”有的说：“小金鱼喜欢吐泡泡，我们可以给它画上大泡泡，还要画上水草……”热烈的讨论使学生完全沉浸在绘画之中。这时根据学生说的各种不同动态的金鱼，我选择了身体游动幅度大、不易表现的金鱼动态，示范给他们看。通过观看范画，学生不仅掌握了画金鱼的动态，也解决了画金鱼的难题。学生画出的金鱼动态各异，他们的思维能力得到扩展，创造能力也得到了提高。

水墨画教学是美术教学的重要组成部分，有其特定的内容和规律，我们要树立正确的教育观，不是要把所有的学生都造就成艺术家，而是要着眼于素质和品位的教育，培养学生的审美品位和艺术素养。小学生要学会正确的执笔方法，初步了解水墨的浓淡变化和水分的控制，具有简单的造型能力。小学生完全在宣纸上自由挥洒，表现出色彩的绚丽多彩、水墨的干湿浓淡变化，在水、墨、色的交融中抒发自己的所思所感。图 3-8 为学生的水墨画作品。

图 3-8　学生的水墨画作品

（刘旭泉）

学生在课堂上勤加练习，在比赛中小有成就。流溪小学师生参加广东省首届水墨画比赛，学生 2 人获广州市三等奖，教师 1 人获三等奖，教师 1 人获从化市一等奖，3 人获三等奖。

在流溪河水的柔波里，“博善”的种子乘风破浪、披荆斩棘，渗透到校园里的每一个角落。在琴棋诗画的濡染中，流溪小学的学生敞开真诚的怀抱，打开炙热的心扉，热切地与艺术相拥。在艺术的殿堂里，“博善”的光芒更加闪耀，古今的碰撞在特色课程的构建中找到了一个最好的平台。学生在缕缕墨香中，回味逝去的历史。

4. 在棋盘上对弈

围棋是一种策略性两人棋类游戏，中国古时称“弈”，西方称“Go”。围棋流行于东亚国家(中、日、韩等)，属“琴棋书画”四艺之一。围棋起源于中国，春秋战国时代即有记载。隋唐时，围棋经朝鲜传入日本，流传到欧美各国。有学者认为，围棋蕴含着汉民族文化的丰富内涵，是中国文化与文明的体现。围棋是汉民族传统文化中的瑰宝，体现了汉民族对智慧的追求。古人常以“琴棋书画”论及个人的才华和修养，其中的“棋”指的就是围棋。被人们形象比喻为黑白世界的围棋，是我国古人喜爱的娱乐竞技活动，同时也是人类历史上最悠久的棋戏。由于围棋将科学、艺术和竞技三者融为一体，有发展智力、培养意志品质和机动灵活的战略战术思想意识的特点。因而，几千年来长盛不衰，逐渐地发展成一种国际性的文化竞技活动。

围棋，在整个古代棋类中可以说是棋之鼻祖，相传已有4000多年的历史。据《世本》所言，围棋为尧所造。晋代张华在《博物志》中亦说：“舜以子商均愚，故作围棋以教之。”舜是传说中的人物，造围棋之说不可考证，但它反映了围棋起源之早。“围棋”是中国优秀文化遗产，它以丰富的历史内涵、精彩纷呈的竞技和强烈的艺术魅力，深受人们的喜爱。围棋活动蕴含着人们的聪明智慧和礼仪修养，体现着生活的哲理和做人的启示。学习围棋能显著提高学生的思维深度和注意力持续集中的时间，促进学生的智力发展，符合素质教育理念。

为响应打造学校特色项目，丰富学校的育人模式，培养明礼至善、博学善思的小学生的号召，流溪小学启动了“围棋”特色项目，邀请校外围棋教师到学校指导围棋活动，并以学校为阵地，开展了一系列围棋活动，培训了一大批棋艺娴熟的学生。学校以围棋特色教学，将棋文化教育与学会学习、学会做人教育相结合，从而推进素质教育，不断提升学校的办学品位。这不仅符合"博善"的理念思路，又能在弘扬传统文化的同时丰富学生的学习生活，并且使杰出人才喷涌而出。一大批学生在活动中发展了智力，陶冶了情操，培养了良好的意志品质，提升了综合素质、实践能力和创新精神。

小棋子，大事记

学校自2012年启动学校的围棋特色项目活动以来，通过不断的努力及探索，做了大量的工作。我们学校从无到有，坚持围棋活动的开展。开展活动以来，已有450多名学生受到了良好的围棋知识培训。学校举办了两届"博善"杯围棋大赛，首次参与广州市中小学生三棋比赛、学生定级比赛等一系列校外比赛等活动，取得了一定成绩。围棋深受家长及学生的欢迎。

学校不遗余力地推进围棋活动的开展工作，共派遣两批4名教师到广州棋院参加三棋培训，投入4万多元建设棋艺室，完善了教学设备设施，为学生创设了一个有浓厚氛围的围棋课室。

回首尽是光与辉

2012年，学校围棋第二课堂启动，共有一年级28名学生、其他年级32名学生参与学习，如图3-9所示。

图3-9　学校围棋第二课堂

2013年上半年，围棋第二课堂继续开展活动，有一年级31名学生、二年级31名学生、三年级28名学生、四年级23名学生、五年级28名学生，共141名学生参与学习。

2013年5月，流溪小学举行首届"博善"杯围棋大赛，共有102名学生参与比赛。活动有幸邀请到专家廖桂永莅临指导，如图3-10所示。

2013年下半年，围棋第二课堂继续开展活动，有一年级58名学生、二年级39名学生、三年级17名学生、四年级24名学生、五年级15名学生，共153名学生参与学习。

图 3-10 专家莅临指导首届围棋大赛

2014 年 1 月，广州棋院的领导莅临学校调研，指导围棋活动的开展，如图 3-11 所示。

图 3-11 广州棋院的领导到学校调研

2014 年 3 月，在围棋校队选拔比赛中，一至六年级共有 131 名学生参与比赛。随后学校围棋队成立，有 51 名学生加入了校队，并开展训练活动。同时，一年级继续开展普及班训练，有 42 名学生参与训练。

2014 年 4 月，学校组队参加“2014 年广州市中小学生围棋比赛”，有 11 名学生参加比赛，这也是从化区首次组织队伍参加比赛，如图 3-12 所示。虽然首次参赛，面对广州的强劲对手，但队员们沉着应战，取得了不错的成绩。

图 3-12　学校组队参加围棋比赛

学校倾心打造的“博善”棋艺室启用，同时学校举行了第二届“博善”杯围棋大赛，共有 136 名学生参与比赛，如图 3-13 所示。

2013 年，经象棋世界冠军、广东省棋牌项目管理中心主任吕钦指导引荐，学校向广东省棋牌项目管理中心申报了棋类特色学校。2014 年，学校获得“棋类特色学校”称号；2014 年 6 月 25 日，学校举行授牌仪式，由中国象棋世界冠军吕钦亲自授牌，如图 3-14 所示。

图 3-13　学校举行第二届围棋大赛

图 3-14　学校举行“棋类特色学校”授牌仪式

（欧阳桂锋）

亮丽的人生需要不辞辛劳的付出，有人说：“人生就像一盘棋，一着不慎，满盘皆输。”小小的棋盘里蕴含着无比广博的人生智慧，需要博弈的选手好好斟酌，仔细思量。从每一个黑白分明的棋子的摆放中，生命诚可贵的道理便生发在博弈的双方心中，因为一个微不足道的粗心大意，生命就可能戛然而止。同时，在步步紧逼、你追我赶的博弈过程中，学生获得了真正的智慧。人生需要广博的胸怀，需要如水般温润的品行，这样才能在博弈当中体现出高人一等的智慧来。学校将这种古老的智慧传达的方式引入特色课程设置，充分体现了流溪小学“博善”的办学理念。

5. 美妙的音符

音乐教育是有效渗透德育的一条重要途径。在整体化的音乐教育中，教师以音乐为主体，以智育为脉络，以德育为灵魂，把德育、智育、美育融为一体，有机地结合起来，净化学生的心灵，陶冶学生的情操，使学生善良高尚，旨在提高学生的全面素质。早在2000多年前，孔子就指出：“兴于诗，立于礼，成于乐。”他认为“乐”能对人的品格产生影响，从而起到维护社会稳定和安定的作用。可见，音乐在育人作用中处于突出地位。

纵情歌唱，自在娇莺恰恰啼

歌唱是人类本能的表现手段，它可以把学生从音乐艺术的始发点引向宏伟的艺术殿堂。歌唱是学生直接参与音乐活动，感受音乐、表现音乐、表达情感的理想途径，是实践音乐教育目标的重要领域。歌唱最易使学生直接感受音乐艺术的魅力，同时又是对学生进行思想教育、陶冶情操的过程。歌曲以它独特的美——乐曲的旋律美、歌词的语言美、音响的意境美、表达的情感美在学生的心中扎根，从而促使学生形成积极向上、朝气蓬勃的精神面貌，净化学生的心灵，美化学生的行为。

教会学生唱一首歌并不难，重要的是如何把歌词的感情充分地表达出来，使学生的心灵在声情并茂的演唱中受到滋润。因此，教唱一首歌之前，教师首先要认真备课，悉心对作品进行深刻的理解，应引导学生分析它的感情特征、情感处理、表现手段等。教师要利用提问引导学生进行分析，如这首歌曲表达了怎样的思想感情。

故事渲染，熏陶情感

达尔克兹有句名言：对音乐的理解，与其说是一种智力过程，不如说是一种情感的过程。教师可以给学生讲一段动人的故事，引导学生产生情感上的共鸣，做到未有曲调先有情。例如，在教唱歌曲《顽皮的杜鹃》时，教师让学生边听音乐，自己边讲述孩童在美丽的山林中与顽皮的杜鹃相互欢乐、嬉戏、玩耍并充满童趣的情境。教师用故事情境打动学生，然后引导学生对歌词进行分析，理解每段歌词的感情处理，让学生感受到杜鹃声在青山翠谷之中回荡不息，感受那连绵不绝的快乐。这样，学生在学唱中就能有感情地歌唱。

配乐朗诵，激发情感

配乐朗诵激情法是一种创设意境，以想象为主的教学法，目的在于启发学生思维，发挥学生的想象力，使学生加深对音乐形象的感受。例如，在教唱歌曲《小小的船》时，教师将学生分成两部分，在一段优美、宁静的乐曲中，让另一部分学生读“弯弯的月儿小小的船……”，让一部分学生接读“小小的船儿两头尖……”。学生的思维被优美的语言和乐声调动起来了，学生有仿佛身临其境的感觉。带着对歌曲意境的整体印象，学生学会了歌唱，并感受到了歌曲中的内涵。

只有歌曲与学生纯洁的心灵产生碰撞，触动了其情弦，学生才能主动积极地参与学习，含情脉脉，用心歌唱，才能越唱越有味，越唱越动听。

静心聆听，情到深处自然浓

音乐欣赏活动是进行音乐教育的强有力的手段。通过对古今中外音乐作品的欣赏，使学生有健康的情趣，开阔视野，提高鉴赏能力，培养高尚的情操。优秀的民族民间音乐是我们伟大祖国的文化瑰宝。通过对我国民歌、民族音乐的欣赏，学生能加深对祖国悠久文化的自豪之情，热爱祖国民族音乐文化，激发爱国热情和民族自豪感。

《苗岭的早晨》是一首口笛独奏，其主旋律取自苗族“飞歌”，具有鲜明的地方特色。乐曲一开始，口笛奏出起伏舒展的旋律。富有苗族音乐特点的同音大、小三度交替的音调把人们引入晨曦初露、薄雾缭绕的青山翠谷之中，展现了美丽恬静的苗寨春色晨景。学生聆听到了山林中的布谷鸟的欢叫。百鸟在呼应，学生犹如看到了一幅秀丽动人的图画，培养了民族自豪感。

《牧歌》是以民歌旋律为素材而创作的小提琴曲。在欣赏之前，教师先为学生介绍歌曲是根据内蒙古昭乌达盟同名民歌歌词“蓝蓝的天空飘着白云”所提示的意境而创作的，以利于学生理解歌曲。在欣赏的同时，教师播放有关的录像，使学生领略“天苍苍，野茫茫，风吹草低见牛羊”的图景，获得草原宽广无垠、蓝天深邃清澈的感觉，沉醉在蓝天、白云、羊群、笛声交融而成的如诗如画的意境中，平添对美丽草原的热爱之情，进而激发民族自豪感和爱国主义精神。又如，在欣赏贺绿汀创作的钢琴独奏曲《牧童短笛》时，教师告诉学生这首短小精致的钢琴小品是闻名中外的优秀钢琴作品之一，曾在国际乐坛上为祖国赢得了荣誉，以激起学生的自豪感。教师再利用课本上直观形象的插图，通过故事的引导，帮助学生理解乐曲的情节发展和变化，使学生仿佛看到农村少年儿童骑在牛背上，在鸟语花香的大自然风光里，悠然自得地吹笛歌唱，和小伙伴们嬉戏玩耍的情景。欢快、优美的乐曲，悠扬清丽的琴声，让学生为之陶醉，更加懂得了劳动的无限乐趣，激发了学生热爱家乡、热爱大自然、热爱生活的感情。那鲜明的民族风格和感人的乡土气息使学生激起了一种强烈的民族自豪感。

优秀的民族音乐，渗透着中华民族文化的精髓，具有民族文化的独特气质。无数事实证明，音乐欣赏活动对于弘扬民族文化传统能发挥不小的作用。有些学生在欣赏了中国民族音乐之后，深深为其源远流长的历史、多姿多彩的乐器门类、扣人心弦的乐声所打动。他们从音响中感到中华民族的伟大，作为华夏子孙是值得自豪的。

器乐训练，柳暗花明又一村

器乐进课堂，不仅锻炼了学生的听觉力、音准力、协和感，给音乐课堂带来了勃勃生机，而且学生在学习过程中磨练了意志，增强了共同合作的团队精神。学校一直开展器乐进课堂活动，把敲击乐器和竖笛作为艺术教育形式引进课堂，用以提高学生的音乐素质。例如，在日常音乐教学中，为了提高教学效率，保证全体学生能够科学地掌握竖笛吹奏的各种技能技巧，学习之前，教师特意制订出严明的课堂纪律及守则，建立起良好的课堂常规。教师教育学生学习解放军战士严格遵守纪律，一切行动听指挥的良好作风。在教学过程中，教师针对部分学生只图个新鲜，在课余懒得去苦练基本功，遇到困难就退缩的情况，经常告诫学生，要学会一种本领，不能“三天打鱼，两天晒网”，要有刻苦练习、持之以恒的精神，否则会一事无成。思想统一了，目标明确了，认识有了一定的高度，学生就会从被动变为主动，自觉地、积极地投入学习。通过师生的共同努力，学生学习器乐的热情很高，进步也很快。当教师听到学生整齐、动听的演奏时，心里无比惊喜，那种喜悦是无法用语言来表达的！学生真正懂得了“一分耕耘一分收获”的道理。而且通过在各班开展各种竞赛评比，学生增强了集体观念、意识，锻炼了坚强的意志和毅力。

合作交流，千树万树梨花开

在音乐的实践活动(创作、表演、欣赏三个环节)中，协作配合是非常重要的。独唱、独奏有与伴奏合作的关系，有与观众上下呼应的关系。合唱、合奏有个体与集体的关系。小组在创作表演的合作活动中，通过不同个体间思想的交流，形成统一的意志，充分发挥个性特长，互帮互助、共同进步，从而激发强烈的集体主义精神和合作精神。

《春天举行音乐会》是一首深受学生喜爱的歌曲。它以跳动的节奏、流畅的旋律，描绘了一幅充满生机的春色图景。富有形象的象声词奏响了一曲优美动听的“春天交响曲”。在音乐教学时，教师让学生在班级中举行音乐会。学生有的唱，有的舞，有的奏，有的敲，有的指挥，充分发挥音乐潜能，并发展与人合作、与人交流、公正评价的能力，增强了集体主义精神和合作精神。

《四季童趣》是一首曲调欢快活泼、充满童趣的歌曲。词作者描绘了一幅幅生动而饶有情趣的画面，歌曲形象地表现了儿童在四季中天真烂漫的欢乐情境，抒发了他们热爱生活的心情。在有感情地演唱歌曲之后，教师设计了学生分组创编小品的教学环节。各组自选一种情境分工合作，即兴表演“在春天放风筝”“在夏天玩耍”“在秋天打枣，摘苹果”“在冬天滑雪”。在歌曲音乐的伴奏中，各小组表演了主题鲜明、富有创意的小品。学生各展其能，使音乐与生活、音乐与表演、音乐与形体、音乐与创作有机地结合在一起，并能表演，把理论知识与实践行为统一起来，体现了“知行统一”的德育原则。

《乐记》中记载：“乐也者，施也”“然则先王之为乐也，以法治也，善则行象德矣”。这两句话讲的是“先王”制定“乐”，就是用来作为治理人民的一种方法，用得适当，就能使人们的行为符合德行的要求。因此，教师要重视发挥音乐的教育作用，通过让学生感受音乐艺术的魅力，获得积极向上、奋发进取的精神力量。

课外觅味，采得百花成蜜甜

通过课外音乐活动的开展，一方面，学生扩大了音乐视野，增长了音乐知识，发挥了音乐的创造性，锻炼了音乐的才干；另一方面，学生丰富了精神生活，增进了身心健康，树立了自信心，心中有他人，不以自我为中心，乐于友好交往，与人为善。

音乐第二课堂能满足学生好动、求乐、爱美的要求，他们对丰富多彩、形式多样的音乐活动有着强烈的参与意识和表现愿望。例如，鼓乐队、合唱队的活动可以使学生增强群体意识和养成珍惜集体荣誉、严守纪律的良好品质。又如，在鼓乐队的训练中，教师要经常让学生去感受整体声音的协调性及和声效果所带来的美感，感受到整体的凝聚力，认识到自己是整体中的一员，必须服从整体。学生要经常通过对比，提高鉴赏力；通过练习，获得美的声音；通过刻苦努力的训练，调节音准，均衡音量。“台上一分钟，台下十年功。”教师要使学生知道，美的声音是通过不懈努力换来的，从而培养学生勤奋刻苦、持之以恒的意志品质。

总之，在开展课外音乐活动方面，教师应与音乐课堂教学一样，下大功夫，使课内外紧密配合，相辅相成，共同完成教育、培养之重任。

师者形象，润物从来细无声

音乐教学无论是对于培养学生的爱国热情，还是对于培养学生的情感、意志以及启迪学生的心智，都起着不可替代的作用。要使音乐教育真正发挥这些作用，教师还需要具有远大的理想、高尚的情操、健全的人格、饱满的热情，才会使学生的心智在潜移默化中得到陶冶、净化、升华，这样教师才能真正在音乐教育中渗透德育。假如教师不爱自己的事业，对自己的家乡、自己的民族缺乏亲情，对追求真、善、美没有热忱，他们就不可能从教材中挖掘深刻的内涵，也不可能按大纲的要求把德育渗透到教学中去。而且，教师的师爱品质、道德行为对学生一生都可能产生影响。因此，教师必须从自我做起，平时严格要求自己，抓好个人师德修养，衣着要整洁大方，教态要自然端庄，语言要形象生动，歌唱要富有激情，琴声要优美动听，指挥要准确娴熟，板书要工整认真，为人师表，以达“随风潜入夜，润物细无声”之教育功效。

综上所述，在小学音乐教学中，有效渗透德育的途径探索具有不可小视的重要作用。它能够更加有效地从政治态度、伦理道德、思想品格等方面对学生产生潜移默化的影响，寓教育思想于教学之中，使学生热爱祖国，热爱生活，热爱一切美好事物，净化学生的心灵，陶冶学生的情操，提高学生的素质，增强学生的民族自豪感和自尊心，为学生树立正确的世界观、人生观、价值观奠定基础。因此，在音乐教学中，我们要深入挖掘出音乐歌曲中内在的思想情感教育因素，充分发挥音乐的情感作用，陶冶学生的性情，提高其审美趣味，使学生一个个健康快乐地成长，这才是教育的意义！

（余卫红）

(二)奔跑跳跃出的健康生命

运动是物质的常态，也是人的常态。生命的质量需要通过运动得到保障和提升，所有理念的实施都必须要以健康的生命为载体。只有拥有了健康向上的生命成本，“博通古今，善行天下”的目标才有实现的可能，这种可能性向必然性的转变一定要以完整的生命为前提。流溪人深谙这一规律，除了让学生接受艺术的熏陶之外，为学生提供运动的平台，保证生命的良好品质也成了必不可少的研究课题。这一研究课题在特色课程设置的过程中被提了出来。

1. 跳跃者的天下

跳是一个动感非常强的动作，它象征着生命积极向上的一种状态。在双脚与地面之间的互动中，节奏奔腾，乐感十足。将跳这一行为发挥到极致的恐怕就要数跳绳运动了。

跳绳是一项随时随地、极其容易开展的体育运动。只要一根绳子，一双脚就能开始表演。那灵动的生命恰似上帝的恩赐，在一上一下的配合中，欢快的交响乐就弹奏出来了。

跳绳既是流溪小学的特色体育项目之一，同时也是校本课程之一。跳绳有很多花样，不管是短绳还是长绳，不管是单人还是双人，甚至是一群人，都能变幻出不同的造型来适应人数的变化以及绳子长短的变化。流溪小学跳绳队在从化市小学生跳绳比赛中是数一数二的高手，这当然要归功于学校对于跳绳运动的重视。

在教育主管部门的大力支持下，作为广州市中小学教学领域进一步深化素质教育工作的试点学校，学校结合办学传统，寻求特色教育的增长点，扎实开展一系列特色教育实践。在体育教学实践中，教师认真贯彻执行学校的传统体育项目建设活动。在体育教师的刻苦努力与全体教师的密切配合下，学校把跳绳作为传统体育的特色项目，并围绕跳绳开展了很多精彩的活动。

传统体育特色项目——跳绳

学生利用课余时间、课外活动，每天坚持进行1小时以上的跳绳训练，把基本功练扎实。学生进一步加强体能的训练，掌握跳绳的基本要求及步法，并结合训练与实践。学校充分发挥跳绳体育特色的引领和示范作用。学校承办了2013年从化市跳绳比赛项目及从化市体育教师跳绳裁判培训。跳绳运动队每年参加从化市教育局举办的跳绳比赛，常荣获一等奖。跳绳运动队的花样跳绳队曾在校级和市级的活动中进行表演。

学校积极帮扶薄弱学校。学校组织跳绳优秀生到乡镇学校中进行表演和传授经验，并把好的动作加以推广，如图 3-15 所示。

图 3-15　跳绳优秀生到乡镇学校表演

学校参加跳绳比赛所获的奖项皆名列前茅：2014 年参加从化区跳绳比赛，以领先 50 多分获得团体总分第一名；2013 年参加从化市跳绳比赛，团体获第二名，多个单项获第一名，如图 3-16 所示。

图 3-16　学生参加跳绳比赛

花样跳绳队多次参加开幕式活动表演，有校内的活动，也有校外的活动，如图 3-17 所示。图 3-18 为学生的日常训练。图 3-19 为学生参加学校的绳操表演。

图 3-17　学校花样跳绳队参加活动表演

图 3-18　学生的日常训练

图 3-19　学生参加学校的绳操表演

（刘碧霞）

2. 编写了跳绳相关教材

根据学校的实际情况，经过反复的研究、思考和论证，为了学生的快乐、健康发展，我们选取跳绳这一运动编写了开展体育运动的研究教材。通过跳绳运动的开展，学生掌握了跳绳的一些方法和技巧，练就了强健的体魄，培养了吃苦耐劳、顽强拼搏的意志品质和团结协作精神。通过对学生生理数据的跟踪、分析，学校研究跳绳运动与学生生长发育的关系。

一根绳子，让生命舞动出绚烂的色彩，让热情幻化成一声声撞击，让合作变换成一次次游戏，让情谊跳跃成一声声配合。这声音与流溪河的潺潺互相交织，交织成生命的奏鸣曲，在流溪小学校园的天空中飘荡。

3. 足球王子的战场

校园足球运动是学生最喜爱、开展最广泛、影响力最大的体育运动项目，同样也是学生参与较多、最爱参与的体育项目。图 3-20 为足球场上的学生。图 3-21 为体育课上学生进行足球基础课练习。

图 3-20　足球场上的学生

谈起广州的特色教育，校园足球已经成为不可或缺的城市名片。2012 年，国家体育总局和教育部倡导在全国各个城市开展校园足球运动。2014 年以来，广州在原有的基础上，坚持把推进校园足球运动。

图 3-21　体育课上学生进行足球基础课练习

作为提高学生综合素质、普及校园体育运动的重要抓手，使校园足球工作取得长足发展，并处于全国领先水平。各种形式的校园足球运动在全市学校中广泛开展，越来越多的学生走向绿茵场，享受到足球运动带来的健康与快乐。目前，广州已经成功举办两届全市中小学足球联赛，这一比赛已经发展成有 720 所学校、1400 多支队伍、2 万多名学生参赛和比赛场次近 4000 多场的大型校园足球赛事，在全国首屈一指。校园班级足球联赛迅速在全市中小学中得到推广，在 394 所校园足球推广学校中基本得到普及。每年吸引近 10 万名学生参加足球活动。世界著名球星贝克汉姆、知名美国青训专家汤姆和容志行、彭伟国等广州足球名宿，以及恒大、富力足球队现役球员都纷纷走进校园，让广大学生更加近距离地感受到足球运动的魅力。

流溪小学的校园足球项目本来就有很悠久的历史和很扎实的基础，现在更是迎来了阳光明媚的春天。

学校足球队从2009年参加广州市“市长杯”校园足球比赛至今已经有11个年头了，也取得了不错的成绩。学校曾经连续4年取得广州市“市长杯”青少年校园足球联赛（从化赛区）第1名，取得广州市“市长杯”青少年校园足球联赛乙组第6名。图3-22为学生参加2011—2012年广州市“市长杯”青少年校园足球联赛。

图3-22 参加2011—2012年广州市“市长杯”青少年校园足球联赛

对于处在生命迅速成长期的学生来说，足球运动几乎成为生命的代言；在与足球运动的磨合中，生命慢慢走向成熟。足球运动倡导人性价值的交流与分享，当然更多的是它能给热爱它的学生带来快乐。这项绝妙运动所带来的，是大汗淋漓之后的喜笑颜开，是并肩作战的丰功伟绩，更是荣誉之战的你追我赶。

足球运动把更多的学生联结在一起，让他们在球场上学会合作，学会担当责任。我们鼓励学生去踢足球，不管水平如何，因为这是勇气的展现。参与足球运动，不仅可以提高学生的足球技术和智慧，点燃他们的激情，也可以培养学生的团队精神、坚强毅力和勇于拼搏的精神。真可谓一举多得，实在是美事一桩。

在跳绳与足球的特色课程的开展中，学生天性中的运动天赋被充分地调动起来。在奔跑跳跃中，生命的质量得到保驾护航，快乐也悄悄爬上学生的眼帘和心头。

特色课程的开展使得学生在繁重的文化课的学业压力之外，能够有另一片完全轻松自由的天地，可以尽情张扬自己的天性，可以尽情培养自己的特长，从而既使兴趣得到了培养，又强化了文化课的学习效果。

在泰勒看来，课程内容即学习经验，他认为教育的基本手段就是提供学习经验，而不是向学生展示各种事物。这种观点强调学生是主动参与者，学生是学习活动的主体，学习的质和量取决于学生而不是课程，强调学生与外部环境的互相作用。教师的职责是构建适合学生能力与兴趣的各种情境，以便为每位学生提供发展的平台，教他们尽可能地释放自己的天赋，发挥自己的特长，从而向着成为更为全面的人前进。流溪小学在创建特色课程方面一直在不遗余力地做着改善，并且成效显著。学生的兴趣被尊重，并被充分调动起来。

流溪小学这些多样性的特色课程，多方位地调动了学生的积极性和参与感，使学生的艺术细胞和运动细胞都得到了锻炼。学生可以在这种课程的活动开展中学习到技艺，同时又能获得快乐。而且学生的气质修养得到了提高，健康体魄也得到了保证，这是一件功德无量的事情。学生正是在这些课程的学习中感受到了艺术的高尚与运动的重要性。亚里士多德说“生命在于运动”，一代又一代的先贤都在告诉我们这个真理。拥有健康的体魄是保证其他事业顺利开展的前提，同时健康的体魄还能够给人完整接触世界的机会。这样，在艺术的学习中，学生才能更敏锐地捕捉到各个艺术门类所包含的至高无上的大智慧。书法笔画的勾勒，山水画的渲染，围棋的博弈，以及诗歌的流淌，这些都是智慧的表达。学校的任务就是为学生提供感受这些伟大智慧的平台，开设特色课程，正好就是对这一责任的践行。对于流溪学子的成长来说，特色课程的开设意义非凡。

第二节　流丹：博学笃志——学校的课堂教学改革

对于一所学校而言，所有的课程设计都必须要落实在课堂教学中。课堂是学校育人的主渠道，是落实学校教育理念和教育追求的主阵地；同时，课堂也是学生学习的场所，是学生生命成长的原野。

教育育人千古事，“十年树木，百年树人”。作为一所有100多年历史的名校，流溪小学蕴藏着深厚的人文底蕴，也孕育了无数英才。在今天课程改革和课堂教学改革的浪潮中，流溪小学坚持以生为本，把学生视为学习的主体、学习的主人，把课堂作为学生学习的场所，而不是教师教授知识的场所。在课堂教学中，流溪小学教师应该运用自己的智慧和创造力，挖掘蕴含其中的无限生机和活力，坚持不懈地探索更有效的方法，把课堂营造成生动活泼的学习乐园，让学生在愉快的学习环境中自然、有序地学习和操练，不断提高各方面的能力。

一、和之姿，韧之质：学校的教学追求

与水为伴，以水为师，在知识教育的汪洋大海中，“博”之一字之所以显得意义非凡，就是因为它像水一样，以静谧、安详、平和之姿，彰显坚忍、顽强、不懈之质，永不停歇地追求博大与开阔的生命境界。

“宁静而致远”，水以和的姿态、韧的品质为流溪人做了最好的示范。

《老子》有言：“天下之至柔，驰骋天下之至坚。无有入无间，吾是以知无为之有益。”这也就是我们常说的水滴石穿：世间最为柔软无形的水却最能浸泡并销蚀坚韧的磐石，这种无以复加、无与伦比的穿透力给了我们有关生命的无限想象和期待。神奇的万物造化总是给人惊喜，所以我们要珍爱每一颗尘世中的微粒，更珍爱每一个像朝阳一样蓬勃向上的生命，因为这每一个看似平淡无奇的生命背后都蕴藏着天地造化的神奇与瑰丽。那么教育是一项不断挖掘这种神奇和瑰丽的事业，探索平静

的湖面下那翻涌着的波澜。

“水”用柔弱的外表应和了中国传统哲学理念中的“以柔克刚”思想，让我们注意到了平凡的东西释放出的强大威力，让我们不去轻视或者忽略任何一种可能性。圣人对此早已知晓，所以才会不厌其烦地反复强调“水”的精神。《老子》有言：“天下莫柔弱于水，而攻坚者莫之能胜，以其无以易之。弱之胜强，柔之胜刚，天下莫不知，莫能行。”学校教育的关键就是不忽视任何一种可能性。

水的启示不止于此，除了穿透力之外，它还能自我澄清。《孟子·离娄上》云：“沧浪之水清兮，可以濯我缨；沧浪之水浊兮，可以濯我足。”当水静止时，任何杂质均归于沉淀；泥沙俱下，水变得清澈而空明。水静止而清澈，故而成了镜鉴。《庄子·德充符》曰：“人莫鉴于流水，而鉴于止水。”早在商代的时候，就有了在器皿中装上水用作镜子的情况。通过以水为鉴的行为，人能更加清晰地认识自己，因为水不仅能够反映出外部的形象差异，同时更重要的是它能够映现出真理与准则。通过镜鉴，人能清楚地认识自己。存在于世间的最大的哲学命题不就是“你是谁吗”。所以特尔斐神庙上的“认识你自己”便成了需要人们终生去践行的终极命题。水的镜鉴作用正好教会人们去细致地认识自己。流溪小学遵循“博善”的“水文化”理念，其实也就是在引导学生清晰地认识自己，发掘自己，提升自己，进而成就自己。

在见识了水的穿透力以及镜鉴作用之后，水的神秘性也就不言而喻了。因为它随物赋形，可以是蜿蜒的小溪，也可以是奔腾的大海，可以是柔软的液体，也可以是坚硬的固体，同时亦可以是虚空的气体，所以水又是难以捉摸的。当水虚空时，它变得无形无状，它的清澈与广袤超乎常人的理解。水通常被比作圣人的智慧，也就是所谓“知者乐水，仁者乐山”。当我们注视着水面反射出的光亮时，我们也许会对潺潺流水有所领悟，就像我们领悟圣人的智慧一样。流溪河给了流溪小学独一无二的“水文化”晕染，使得所有在这里生活、学习的人在水的包围中洞察人生智慧的光芒，领悟人生的真谛，然后以此影响自己的一生。这是水对人的恩赐，是教育最得天独厚的馈赠。

在《论语·泰伯》中，曾子曰："士不可以不弘毅，任重而道远。"也就是说，为人者一定要有宽广的胸怀、坚强的意志，因为人生道路上充满了各种考验与挑战，每个人身上都肩负着某种使命与责任。教育更是如此。教育承担着的是一个国家、一个民族的文化传承的使命，教育就是一种有目的、有组织、有计划、系统地传授知识和技术规范等的社会活动。教育的根本价值，就是给国家提供具有崇高信仰、道德高尚、诚实守法、技艺精湛、博学多才、多专多能的人才，培养和养育经济与社会发展需要的劳动力，培养合格公民，为国家、社会创造科学知识和物质财富，推动经济增长，推动民族兴旺，促进人的发展，推动世界和平和人类发展。教育在社会中起着相当重要的作用。鲁迅先生说："教育是要立人。"因为一个人自出生开始，他就在接受来自四面八方的教育，这些教育既有显性的，也有隐性的。就人的成长而言，人大概要受到来自三个方面的教育：一是家庭教育，二是学校教育，三是社会教育。随着人的年龄的增长，接触到的世界面积也在增加，那么同时受到的教育也在相应增加。

对于学校来说，学校承担了教育的主要责任，同时担负了向社会输送各类人才的重任，因此教育是一项举足轻重的事业。不管是对国家而言，还是对个人而言，教育都是极为重要的。教育是奠定学生发展与人格成长的基础。秦文君说："教育应是一扇门，推开它，满是阳光和鲜花，它能给小孩子带来自信、快乐。"教育就是为学生提供一扇可以打开的门，这扇门通往快乐、幸福与智慧。学生通过在学校里的学习，能够更好地认识自己，认识世界，认识周遭的一切，从而确认自己的存在，确认世界的存在以及生命的意义。马克思、恩格斯说：教育是促进个人的独创的自由发展。教育为学生开启了智慧的大门，并把他们引向豁达与明智，给他们足够的自由去施展个性与天赋。在这种自由发展的过程中，主体的存在得到了确认，主体的生命意识被充分地尊重并且被调动起来。

学校的教育，就应该是关注学生的生命本真、符合学生的天性、尊重学生内心的发展和适应时代发展需要的生态教育，这也是素质教育的核心。学校是群英荟萃的地方，每一位教师都有自己的“杀手锏”，对于课堂掌控、学生互动等方面的工作，都有自我特色十足的方法跟实践。此外，在学科教学中，遵循具体问题具体分析的原则，每位教师都针对各自的学科特征做出了一系列的探索研究，创新性十足，而且成效显著。学校真是一个大熔炉，集百家精华于一身，真成了潘健辉校长口中囊括众多、应有尽有的大超市。

康德说：“教育是由个体自我设计、自我选择、自我构建、自我评价的过程，是自我能力的发展，它体现着社会意志和教育者与受教育者平等自由地、审慎严肃地共同探究的机理，不是‘指令’，不是‘替代’，更不是让茧中的幼蝶曲意迎合或违心屈从。”相反，教育是一种天高任鸟飞的自由发展的机制。因此，学校才是一个人才辈出的大本营，尤其在“博善”教育理念的辉映下，流溪文化代代相承，人才可谓层出不穷。教育就是要这样激发生命，充实生命，从而协助学生学会使用自己的力量生存下去，学会驾驭这种力量，同时帮助他们发展这种精神，发扬这种精神。正如蔡元培所说：“教育是帮助被教育的人，给他能发展自己的能力，完成他的人格，于人类文化上能尽一分子的责任；不是把被教育的人，造成一种特别器具，给抱有他种目的人去应用。”教育的责任重大，参与到教育中的人也都有一种使命感在传承。雅斯贝尔斯说：“教育是人的灵魂的教育，而非理性知识的堆积。”教育是全方位、多角度、全面关注人的生存发展的事业，教育是依据生活、为了生活的“生活教育”，是培养有行动能力、思考能力和创造力的人的事业。

弘毅致远，笃定向前。一个理念的提出，需要许许多多人方方面面的把控与实施。“水”元素的精神品性无数次地被加以强调，然而究竟应该如何把它应用到实际的教学中，运用到课堂上却是需要每一个科目的任课教师自己好好钻研探索的。幸好，流溪小学的教师都是“博善”教育理念的传承人，他们孜孜不倦地在趣味课堂的大难题里过五关、斩六将，终于找到了适宜的方式，让流溪小学的课堂绽放出无限的生命活力。

二、让课堂绽放无限的活力

课堂绝不仅仅只是一个学习的场所，即使是以学生为主体的学习，也不符合流溪人对课堂的理解。在流溪小学教师看来，课堂更应该是学生生命成长的原野。

从人类的发展史来看，人类自身的不断发展，是不断地获得知识，不断地扩展智慧，从而有能力在人生的各个历程中去学习与发展的过程。唯其如此，才能使自己发展成一个完善的人、一个完整的人、一个自主的人、一个真正的人。教育活动的前提条件和终极目的，就在于培养主动学习并不断完善自我的人。随着时代的飞速发展，人类发展面临着物欲横流、生存紧张、幸福递减等诸多问题，这使得人在一定意义上成为工作与物质生活的附庸，甚至沦落为机器的奴隶，而难以建立与外部世界的合理关系，处于极度紧张与分裂之中，感受不到生命存在的意义与价值。要解决这些问题，学校教育应该担负责任，引领每一个人唤醒人性，珍视人道，激活生命的潜能，发挥生命的价值，展现出积极主动、学会学习的生命活力，享受人的尊严与生命的意义。

由此，作为学校教育主阵地的课堂，就应该是能够为学生提供潜能焕发与自主学习的磁场，使每一个人都能因学会学习而成为自甄完善的主人。

用大爱养成人性，因差异探索方法。基于人的多样性和复杂性，基于学科的差异性和特殊性，流溪小学的教师在学习、探索和践行中推动了各个学科的课堂教学改革。

(一)语文：让文字与生活接轨

"语文生活化教学"是指语文教学与社会生活、学生生活相结合，使课堂教学方式变成学生积极参与、乐于参与的生活过程。将语文教学与现实生活紧密相连，让语文贴近生活，让生活走进语文，这也是"大语文教学观”的需要。顾黄初先生早在《语文教学要贴近生活》一文中就指出：“要谋求语文教学效率的提高，老是把思想封闭在四壁合围的教室里，把眼光死盯在篇幅有限的课本上，恐怕很难求得突破性的进展。语文是在生活的广阔天地里频繁运用的重要工具，要教学生掌握好语文工具，我们的思想要向广阔的生活开放，我们的眼光要向广阔的生活审视。”他同时强调：“语文教学的改革，关键在贴近生活。这是‘根’。”这番话，正为我们指明了语文教学的方向——就是要溯本求源，让语文走进生活。

让语文走进生活，就是溯本求源。识字、阅读、习作、口语交际都与现实生活紧密相连，生活是学生学习的源泉，是课堂教学生活化的延伸。尤其是在语文阅读教学中，教师更应渗透生活，使语文阅读教学返璞归真，让语文阅读教学回归生活。著名教授王尚文在《语文教育学导论》中提出阅读教学应生活化。阅读教学的生活化，重要的不是形式，而是实质。教师必须对学生和教材之间在哪些层面可能存在的撞击点做到心中有数，在必要的时候各推一把，以实现预期的撞击，从而引导学生感知、体验作品的语言形式。下面就谈谈语文生活化阅读教学中的一些实施策略。

1. 创设情境，深入生活

生活化阅读教学是一种在生活背景下的情境化学习。充分提供情境背景下的学习是最有效的。

创设情境

教学《少年闰土》一课，在学习“分别”部分时，教师这样引导学生：与闰土相处了一个月，“我”与他已经产生了深厚的感情。可惜正月过去了，闰土必须回家了，分别的时刻到了。这时，“我”和闰土的心情是怎么样的？（生答：依依不舍。）那么谁能把这依依惜别的情境表演出来？话音刚落，学生纷纷举手要出来表演。教师就请了 3 名学生出来表演，一个扮演“我”，一个扮演闰土，另一个扮演闰土的父亲。他们通过语言、动作、表情把“我”和闰土难舍难分的情境演得入情入境，感动了在座的全班学生。这样学生深刻地感受到“我”和闰土之间的友谊是非常深厚的，收到了非常好的效果。

（学校语文学科组）

不难看出，在阅读教学中，适时创设角色对话、情境表演等形式，让学生有一个模拟的生活情境，进入相应的角色，“说”起来就会更容易些，也自然会加入一些动作、表情等来增加语言的感染力。在这样的活动中，学生的思维得以激活，思想得以启迪，语言得以锻炼，学生获得了多方面的发展。

2. 巧用实物，体验生活

陶行知先生曾经说过：“教育不通过生活是没有用的，需要生活的教育，用生活来教育，为生活而教育。”

实物作为一种最直观的教具，在课堂和生活之间起着桥梁作用。如果我们在教学中，能根据教材、学生的实际，恰到好处地运用一些实物，将会收到事半功倍的效果。

因此，在教学中，我们要结合学生的实际巧用实物，为学生创设愉悦的学习氛围，让学生自己去观察、体验、交流自己的真实感受，通过师生、生生之间的平等沟通、合作交流，使学生的主体地位、主体能力、主体人格得到真实的再现。此外，我们还创造性地使用了教材，加强了课内与课外的联系，体现了语文教学的人文性。

由此可见，实物在语文教学中的作用可真不小。首先，它遵循了“语文教学从生活中来，到生活中去”的生活化原则。对于学生来说，大自然永远是他们最亲近的朋友，大自然的千姿百态构成了一个广阔而生动的课堂，而实物则是大自然在课堂中直接的回归。它密切联系生活实际，使学生感到学习内容来自生活。这激起了学生的兴趣，引发他们跟作者情感上的共鸣，从而激活他们的思路，培养他们敏锐的观察感悟能力，让他们对选材有豁然开朗之感。其次，它促进了学生的动态感悟过程。阅读实质上是一个动态的过程，而实物正是一种动态感悟过程中的催化剂，它能促使学生模糊的感悟变得清晰，促使学生浅显的感悟变得深刻，促使学生片面的感悟变得全面，促使学生错误的感悟变得正确。

3. 延伸课堂，关注生活

美国教育家华特指出：语文的外延与生活的外延相等。此话不无道理，教学活动是人类生活中的一部分，离开生活的教学活动是不存在的，而语文教学更离不开生活，生活中无时无处不存在语文教学。因此，我们在语文教学中，要把教学的内容延伸出去，引导学生关注生活。

延伸课堂

教学《鸟的天堂》这篇文章有两个目的：一是使学生感受大自然在人类保护下充满生机活力的美，增强环保意识；二是使学生领悟作者描写景物和表达思想感情的方法，内化为自己的语言，提高阅读能力和作文能力。同时让学生更进一步认识到保护动物，保护环境，保护大自然。于是，教师在教学《鸟的天堂》的拓展延伸环节中，设下了这样一个悬念。

师：人们最近前往“小鸟天堂”观鸟，却颇感失望，绕小岛两圈，没有见到小鸟群飞的盛景。据当地人介绍，由于小鸟生存的生态大环境发生了改变：小岛周边被开发，原有的农田、水塘被破坏，环绕小岛的天马河的水质遭到污染，小鸟不断地飞到其他地方觅食，不再回来。如果你是鸟的天堂小主人，你会对人类说些什么？（此言一出，犹如一石激起了千层浪，学生不禁交头接耳起来了。）

生1：亲爱的人们，求求你们，别再伤害我们这些幼小的生命了！

生2：请大家保护地球，保护地球的生态环境。

生3：（做顺口溜）地球是我家，大家别害他。

师：是啊！为了地球上的生命繁荣灿烂，为了人类社会持续发展，让我们还河流以清澈，还天空以蔚蓝，让世界处处成为“鸟的天堂”。（展示投影）

通过激烈的表述，学生深切感受到树和鸟是人类生活中息息相关的事物，进一步认识到保护动物，保护环境，保护大自然是人类不可推卸的责任和义务。

（学校语文学科组）

综上所述，生活是知识的储蓄库和传播站，充分利用生活的资源来学习，溯本求源，使语文走进生活，在生活中学语文。这样，才能促进学生的语文能力与人文精神的和谐发展，语文课才能真正做到工具性和人文性的统一。

主体教育在我国发端于20世纪80年代初期，它重视人的自我表现和完善的需要，把人的发展本身作为目的和核心，确立受教育者在教育活动中的主体地位，激发他们的能动性、自主性和创造性，建构他们丰富的、全面的主体性，把他们培养成社会历史活动的主体，从而推动社会的发展和进步。当下，人们在教育中比较推崇的生态课堂模式，恰好适应了主体教育的理念，注重挖掘学生的主体意识，培养学生自主思考的探索精神。这也正好契合了探究性学习的主旨和要求。何谓探究？探究是一项多层面的活动，它包括观察；提出问题；通过浏览书籍和其他信息资源发现什么是已经知道的结论，并制订调查研究计划；根据实验证据对已有的结论做出评价；用工具收集、分析、解释数据；提出解答、解释和预测；交流结果。探究要求确定假设，进行批判的和逻辑的思考，并且考虑其他可以替代的解释。那何谓探究性学习？探究性学习，广义的理解是泛指学生主动探究问题的学习。在目前的实践中，主要是指学生在教师的指导下，以类似科学研究的方式去获取知识、应用知识、解决问题的学习模式，是一种集学生自觉探索与教师循循善诱于一体的学习模式。这种学习方式通常要围绕一个需要探究解决的特定问题展开，所以又被称为“主题研究学习”。我们尝试在阅读教学中指导学生进行启发性学习，创设特定的情境，通过激发学生的探究兴趣，教给学生探究的方法，从而引导学生开展探究性学习。

流溪小学校长潘健辉一直坚守在语文教育教学的第一线，勤于思考、善于思考的他把主体教育和生态课堂模式、探究性学习方法结合在一起，在语文课堂上进行了深入的探索。下面是他具体的做法和经验之谈。

激活学生思维，开展探究性学习

——浅谈阅读教学中开展探究性学习的点滴体会

第一，创设情境，引发学生探究的兴趣。认知需要是学生学习最主要的动力。因此，在引入新课时，我通过多种形式（或介绍写作背景，或巧妙设疑，或借助多媒体）去激活学生的思维，激发学生对课文的兴趣，让他们进而产生探究的欲望。例如，在教学《桂林山水》一课时，我是这样引入的。

师：同学们爱旅游吗？

生：爱。

师：你到过哪里旅游？能说说那个地方的特点吗？（学生自由发言。）

师：请问有谁到过桂林？（只有几位学生举手。）想去桂林吗？

生：想。

师：那好，现在我们坐飞机去桂林看一看。请同学们闭上眼睛想象。

（教师扮演机场服务员：各位旅客，飞往桂林的航班就要起飞了。）（生笑。）（多媒体播放飞机起飞的声音。）

师：到了，请同学们下机。（生笑）（电视出示桂林山水图。）看，前面就是闻名天下的桂林山水了，请同学们尽情欣赏吧。（生打开课本，读课文。）

在具体的教学过程中，教师同样可以创设情境，让学生自己去发现问题，从而激发学生对课文中的某个问题或者某个点的探究欲望。例如，在《我的战友邱少云》中，有一处是描写邱少云趴在火堆里一动不动的情节。我先让学生回忆自己亲身感受过的那种被打火机或蜡烛烧着时的痛楚感，然后再让学生诵读这一段落，从而把自己的亲身经历的无法承受的痛与邱少云一动不动的反应形成一种强烈的对比，进而激活学生的思维，产生问题：为什么邱少云能在这么痛苦的情况下纹丝不动呢？这就引发了学生探究的兴趣。

第二，让学生自主选择探究的内容(问题)及合作的伙伴。探究性学习是鼓励学生自己发现问题并且尝试解决问题的学习模式。每名学生由于自身个性特点的不同，对事物的兴趣着眼点也就不同。所以，在让学生选择探究的内容(问题)时，我会鼓励学生自主选择感兴趣的内容进行探究。例如，《索溪峪的“野”》这篇课文分别介绍了索溪峪山的“野”、水的“野”、动物的“野”和游人的“野”等几部分内容。我让学生自由选择自己喜欢的部分去探究，在同一部分内容中也可以选择不同的探究点：有的可以探究怎么去读出感情，有的可以探究怎样描写“野”，有的可以探究当中的好词好句……总之，学生根据自己的实际情况和兴趣爱好去选择要探究的内容(问题)。这样他们才更能积极地进行探究。另外，学生还可以选择自己的合作伙伴(甚至可以是教师)组成临时小组去共同探究。通过这种协同合作的模式，他们才更愿意跟自己的组员探讨问题并交流各自的视角。同时通过各种不同视角的交锋，学生可以产生更多想象以及思维的空间，每个人也会被迫站在别人的角度来看待自己之前未曾发现的问题。这样，原本看似简单明了的课文就有了多种解读和阐释的可能，课文的内容丰富了，学生的眼界也开阔了，这是思想碰撞的结果，也是合作交流最好的成效。这样，学生才能更好地取长补短。

第三，教给学生方法去自主探究。在阅读教学中，学生要善于培养问题意识，对自己提出的问题进行探究。但这并不是一个放任自流的过程，而是应该在教师的点拨下，学生运用方法进行的自主探究。为此，我也很注意教给学生探究的方法，让学生运用各种方法进行自主的探究性学习，这样才能起到事半功倍的效果。通常我教给学生的方法有如下四种。

一是围绕观点，从课文中寻找依据去验证。学生对每一个探究的问题总会有自己的观点，不管学生的观点对与错，我都注意引导学生从课文寻找依据去验证自己的观点。我常对学生说的一句话就是“你有什么证据证明你的观点？请找出来。”例如，在学习《小抄写员》一课时，在探究“叙利奥是个怎样的人”时，学生说了自己的观点后，我便引导学生从课文中找出一些语句或段落去证明自己的观点。这样，不但解决了问题，更重要的是通过长期的训练，学生分析问题、解决问题的能力也得到了提高。

二是课外收集资料。对于一些涉及面比较广的问题，课文没有提到或者不能详尽解答时，我便引导学生利用课后收集的有关资料进行探究。例如，在教学《只有一个地球》时，学生在探究“宇宙有没有适合人类居住的第二个星球”时，我便鼓励学生在课外充分收集资料去解决问题。

三是角色替换。在有感情地朗读课文时，我常引导学生想象情境，把自己置身到课文所描绘的环境中去，去体验课文所描绘的感觉，又或者把自己当成课文中的人物，站在当时当地的特定人物环境中去体会情感，然后再通过朗读去表达情感。这就是朗读中的“走进去—跳出来”。

四是从结论延伸。这也是探究性学习的一个重要方法。旧的问题解决了，新的问题出现了。例如，在学习《只有一个地球》一课时，通过探究，学生得出一个结论：只有一个地球，我们要保护地球。我又激发学生思考：怎样来保护我们的地球？小学生应该怎样做？这就是从结论延伸，让学生恰到好处地运用他们的发散性思维：通过延展性的思索与问答，让学生不但明白文章的中心，更懂得联系实际去解决问题。

学生掌握了探究的方法，便懂得运用方法去开展探究性学习。只要坚持长期训练，学生学习语文的能力就会得到较好的提高，学习语文的兴趣也会越来越浓。

第四，交流评价，验证结果。这是探究性学习的最后一环，也是最重要的一环。我会让学生交流他们的探究结果，相互评价，验证自己所探究的结果是否正确、完整。例如，进行有感情的朗读时，每名学生自己练习了以后，再在小组或班上交流，便能检验出自己的朗读效果。这样，学生才可以取长补短，共同进步。

通过开展探究性学习，学生不但对学习语文产生了浓厚的兴趣，学生的语文综合素质更得到一定的提高。要注意的是，教师实施探究性学习，必须要努力创设一种和谐的课堂氛围。师生关系是民主的、平等的、和谐的。学生在宽松的氛围中，才能勇于提出问题，思考问题，进而找到解决问题的方法。

在生态系统中，其主体是以体验“生态”的方式“生活着”。尤其是在以人为主体的生态系统中，每一个主体人只有充分体验到系统的“联系价值”；才会乐见与享用系统的“联系价值”；每一个主体人只有充分体验到系统的“和谐价值”，才会乐见和享用系统的“和谐价值”，进而在体验“普遍联系与和谐发展”的生态价值中展现出生命活力。正如德国哲学家狄尔泰所说：只有体验才能将活生生的生命意义和本质穷尽，只有通过体验，人才能真切而内在地置身于自身生命之流中，并与他人的生命融合在一起。在探究性学习模式中，我们重点实践的就是这种体验，让学生自主参与到课堂教学中，自己感受课文的内涵与意蕴，并与自己的实际生活相联系，形成行文与现实的对比或应和；让学生通过自主探究，体验课堂的愉悦氛围以及学习的幸福感。这样，学生才能对文章揭示的思想价值有更深切的领悟。生态课堂的初衷就是要把学生置于真实的课堂体验中，激发他们的自主性、探究性以及参与度，从而让他们更好地学习、进步。

（潘健辉）

除了运用主体教育的理论方法和实践策略指导自己的语文课堂外，潘健辉校长还根据课文文体的不同、内容的不同、风格的不同调整和改变自己的课堂教学策略。比如，在《题西林壁》的教学中，他运用的便是情境教学法。

创设情境，点拨明理

——运用情境教学法教学《题西林壁》

人民教育出版社出版的语文课本第十册的古诗《题西林壁》，主要描述了宋代诗人苏东坡到庐山游玩的所见所思。诗人通过欣赏庐山的美景，进而发出有关人生的感慨：“不识庐山真面目，只缘身在此山中。”

在教学这首古诗时，我运用了情境教学法，通过创设各种情境，以期最大限度地还原诗歌发生的原始情境，从而让学生在相对直观、形象生动的特定情境中轻松愉悦地学诗文，明哲理，体现了语文教学的生态模式。建构主义认为，知识是学习者的经验建构的结果。建构主义的教学提倡的几个环节如下。一是创设情境；二是确定问题，在上述情境中选出与当前学习主题密切相关的真实事件，或把问题作为学习的中心内容；三是自主学习，学生独立地对问题进行探究，学习相关的知识、技能；四是合作学习，学生通过讨论、交流、不同观点的交锋，补充、修正、加深对当前问题的理解；五是效果评价，在学习的过程中，教师随时观察、记录学生的学习表现。教师通过建立这种情境引导、自主探索的学习课堂，使得学生的学习兴趣高涨，学生的参与度提高。由此，课堂的生态性也就得到了彰显。现在我就结合具体的教学过程浅谈我对情境教学法的运用。

第一，借助音像，再现背景，帮助学生理解课题。为了让学生更好地了解这首诗的背景，我利用多媒体创设这样的情境，出示一幅幅庐山美景图：一位诗人在游览、欣赏庐山的各处美景。配以优美的旋律和动听的解说：诗人苏东坡来到了风景如画的庐山，游了十几天，还没有看清楚庐山的真正面目，心中很有感慨；于是，他在庐山脚下西林寺的墙壁上写下了这首《题西林壁》。这样做将诗人苏东坡当时写这首诗的原因和情境再现出来，让学生在形象的情境中，知道了当时的写作背景。这时我顺势问："题"是什么意思？课题该怎样理解？学生对课题的理解也就易如反掌了。

第二，给诗词配上图画，帮助学生释词解句。在引导学生理解诗句的意思时，我利用多媒体给每一行诗句配上相应的图画，然后让学生看图释词解句。一是学生读诗句，看图画，理解字词，在学习小组里提出不懂之处并讨论。如果小组还不能解决，就提出来由全班讨论解决。二是学生借助图画，连词成句，解释诗句。例如，在理解"横看成岭侧成峰"这句诗时，我出示了两幅图画：一幅是横看庐山的景象，另一幅是侧看庐山的景象。我让学生根据这两幅美景去理解“横看”“成”“岭”“侧”“峰”等词的意思。借助图像，学生很快就理解了这些词的意思，就连“岭”和“峰”的各自特点都能很容易区别。理解了重点字词，诗句的理解就迎刃而解了。由于以图画再现情境具有很强的形象性，因此这样做把学生带到了古诗所描绘的情境中去，突破了教学难点。

第三，根据诗句配上动作，让学生加深理解。理解诗歌后，我让学生给每一句诗句编上动作，用动作把自己对诗句的理解表达出来。（这其实也是再现图画上的内容。）这样做一是加深对诗句意思的理解；二是创设愉快的课堂氛围；三是培养学生的创新能力。

第四，播放录像，帮助学生赏意境，悟道理。学生理解、掌握了整首诗的意思后，我放了一段游览庐山美景的录像给学生欣赏。在悠扬的音乐声中，随着录像机的镜头，学生进入了仙境般的庐山，感受到了庐山的婀娜多姿、变化多端，受到了情感的熏陶、美的洗礼，并与诗人的思想感情产生了强烈的共鸣，思想感情得到了升华。学生欣赏了庐山的美景后，我进一步启发学生思考：一是诗人已经站在庐山之中，为什么还要说看不清庐山的真正面貌？二是你从中明白了什么道理？我引导学生先从第一、二行诗句去思考，再想象刚才看录像时所看到的庐山景色。学生在理解整首诗的意思和了解庐山景色变化多端的基础上，再加上教师的巧妙点拨，明白了：因为诗人进了庐山，看来看去只能看到庐山的一小部分；由于角度的不同，看到的样子也就不一样了，从而体会到“当局者迷，旁观者清”这个道理。当然，对于学生的各种不同体会，只要是积极的，我都予以肯定。

第五，让学生回忆情境，帮助学生背诵古诗。指导学生背诵时，我采用了“想象背诵法”，先让学生全身放松，双目微闭，然后想象每一句诗句的配图，最后用诗句把画面的内容说出来。学生通过回忆，脑海中浮现出生动、形象的画面，再背出相对应的诗句，这样轻而易举地就把整首诗背诵下来了。

在以上的五个教学环节中，我都注意通过以下几个途径去创设情境：一是以图画再现情境；二是以音乐渲染情境；三是以表演体会情境；四是以语言描绘情境。

在整个教学过程中，我始终引导学生带着自己的内心感受和情感去感知诗意，去体察、想象情境，使学生在易、趣、活的轻松愉快的氛围中学习而不会感到疲劳、乏味、厌倦。因此，这次教学获得了比较好的效果：学生能较好地理解、把握诗意，体会诗中所蕴含的道理，并能牢固地记住这首诗。

建构主义教育理论的核心观念就是强调以学生为中心，强调学生对知识的主动探索、主动发现和对所学知识意义的主动建构。情境教学法正好适应了激发学生自主探索欲望的生态教学，符合建构主义教育理论的要求，这是一种新型教育理念的体现，是学生自主性探索的最好引导。教师需要在日后的教学过程中继续发扬，大力实践。

（潘健辉）

（二）数学：让评价似水般温润

语文教师走在课堂教学改革的前列，数学教师也不甘落后。为了提升教学质量，向课堂要效益，数学学科组的教师也积极学习，主动思考，以评价改革启动了流溪小学数学课堂的变革。

传统的数学课程评价，不论是教师评价还是学生评价，都太过于注重甄别和选拔的功能，是一种终结性评价，更是一种奖惩性评价。《义务教育数学课程标准（2011 年版）》明确指出："评价既要关注学生学习的结果，也要重视学习的过程；既要关注学生数学学习的水平，也要重视学生在数学活动中所表现出来的情感与态度……"只有这样，教师才能真正地激发学生的内在潜能，使其主动地投入数学学习。可见评价在教学中的作用越来越重要。那么，评价在教学中应该起到什么作用呢？是选拔，是分类，还是参差性的行列站队？在流溪小学的"博善"教育理念中，教学评价更多地应提供一种若水教育般的激励。这是推动学生不断前进的一种有效动力，是激励教育的一种手段。在实施若水教育评价过程中，教师必须把学生作为一个能动发展的主体来看待，通过各种外部诱因来满足学生的兴趣、情感的需求，点燃他们的求知、进取、发展的火花，促进学生主动学习和发展。

点燃热情

在课堂教学过程中，教师要通过细心观察学生的学习、活动表现，及时做出相应的激励性评价，使学生在教师的激励、肯定、鼓舞性评价话语中感受成功的喜悦。

新课程评价强调面向全体学生，促进全体学生的全面发展，不仅关注学生的知识与技能目标，还要关注学生的学习过程与方法目标，更要关注学生学习的情感、态度与价值观目标。通过对情感、态度与价值观目标的评价，教师更进一步调动学生的学习积极性，不断激发学生的学习兴趣，使学生在课堂教学中热爱学习。基于这一点，教师在课堂教学中要及时地做好若水教育评价。

具体来讲，教师首先要恰到好处地利用体态语言，及时地做好若水教育评价。眼神——目光要亲切自然，随着学习内容的逐步深入，要给学生一个赞许、期待、点拨或者信任的眼神；表情——或是平和中带有激情，或是疑惑中夹有信任；肢体——温柔的手势、夸张的动作。这些都会促使学生进行自我修正，提高学习的信心。教师更为重要的是抓住每一个切入点，运用生动的口头语言进行适时的即时评价。“你的回答很有条理”“你的思考方法与大家的不一样”“老师又看到你主动回答问题了”“你的解题思路很巧妙”等一些激励性评价语言，对于学生来说都是莫大的鼓励。教师毫不吝啬地送出若水般鼓励性话语，这一句句的鼓励性话语就可能激励学生去努力探究知识，更加积极踊跃地回答问题。

捍卫权利

教师进行若水教育评价时要因人而异，因材施教，切忌用“一把尺子”量到底，这样才能呵护学生的主体意识、分析意识，使不同的人在教学上有不同的发展。教师进行若水教育评价时要看时间、对象、场合，有时需要委婉含蓄，有时需要严肃庄重，有时需要情绪激昂。对于班上极个别的后进生，哪怕是极其微小的进步，教师也要给予肯定性的鼓励。后进生需要关爱的目光、贴近的话语，教师要善于表扬学生，肯定每名学生的进步，特别是对于后进生。

例如，有一次听课，上课的教师讲解组合图形面积的计算时，出示了两个相同的直角梯形组成的图形，上底是30厘米，下底是10厘米，高是10厘米。学生用了两种方法：①(30＋10)×10÷2×2。②(30＋10)×10。肯定方法一的是大部分人；对于方法二，有的学生说行不通，有的学生还在思考，有的学生认为是对的。学生急切希望教师表态，教师这才请用方法二做的学生讲解。教师高度评价了这样做的学生。教师在教学活动中正确、合理地评价学生，保护好学生的学习兴趣，适时、适度地鼓励学生，从而促进学生主动探求知识，提高其学习数学的积极性。

不吝赞美

学生自身的认知与思维层次不同，考虑问题的角度也会不同，因此教师在进行若水教育评价时，评价语言也应该是多层次、多角度的。在课堂上，教师对学生的评价，不能仅仅局限于“你真棒”“你真是个天才”等这些简单的、肤浅的激励性语言。教师的评价语言还应该更加丰富，要有更深层次的评价，要能潜移默化地渗透对学生数学学习习惯的培养、数学学习方法的指导。

例如，教师在提问学生关于分数的认识时，有的学生说是从书本上知道的，有的学生说是从父母那学到的。这时教师给予及时的评价：书是我们共同的朋友，从书本中获取知识是我们学习的好办法；向有经验的人请教也是获取知识的好办法。

又如，这些鼓励性话语：“你观察得真仔细，观察是我们学习数学时经常用的方法，我们要学会认真观察，学会积极思考。”这些评价语言没有更多的华丽辞藻，也不会使学生感到飘飘然，但却给了学生必要、及时、恰当的鼓励，更给了学生一种学习方法、数学思想等方面的引导和启示。这样的评价更容易促进学生的学习。

循循善诱

利人之言，暖如布棉。教师的一句简单恰当、具有启发性的激励性评价语在学生心中起着不可低估的作用。教师的评价语一旦激起学生的共鸣，就能激发学生内在的学习动力，有效地激活学生的思维。教师的评价语一旦真正进入学生的内心，就宛如智慧的火种，点燃学生创新的火花。

以执教"轴对称图形"一课为例。学生认识"轴"后，教师出示了三角形、正五边形、等腰梯形、平行四边形、圆五种图形，让学生判断这些图形是不是轴对称图形。当学生根据经验猜想的时候，教师会叮嘱一句："不要太相信自己的眼睛，实践是检验真理的唯一标准!"正是这点睛之语，使学生的思维巧妙地聚焦在轴对称图形的判断依据上。当学生判断出正五边形、等腰梯形、圆是轴对称图形以后，教师再追问一句："同学们，学习讲究的是深入。如果我们今天的研究到此为止，我觉得还是比较肤浅的。就这五个图形，你们还有话要说吗？这个等腰梯形是轴对称图形，但是……"一个"但是"如投石击水，有效地点明了学生下一步思考的方向。在短暂的思索后，学生思维的闸门一下被打开了，学生或剪，或折，或拼，得出了一系列重要的结论。这时，教师又将话锋一转："我们的学习越来越深入了，这些都是轴对称图形，它们就没有不一样的地方吗?"这是一个非常有思考价值的诱导性问题。在这个问题的驱使下，学生及时调整思考方向，从求同转向求异。他们发现无论怎么折圆，两部分都能完全重合，得出所有的圆都是轴对称图形，而且对称轴有无数条。

在教师巧妙的启发引导下，学生的思维拓宽了。教师无须三令五申，学生已尽数掌握对轴对称图形的认识，而教师的引领又是那样自然无痕，水到渠成。教师通过真诚的关注、精妙的评价、智慧的引领，不显山、不露水地将学生的思维引向深入，让学生获得前进的动力，在自信中走向成功。

放飞思维

有句教育名言："教学艺术不在于传授本身，而在于激励、唤醒、鼓舞。”的确，教师通过多渠道、多手段、多层次对学生进行若水教育激励，创设愉悦的情境，提升学生的自信心、自尊心，同时还能让学生不断感受到探索和成功的喜悦，从而提高学习兴趣，增强上进心，激活思维。

例如，教师在教学长方体表面积计算一课时，设计了这样一个评价情境：要求学生用36个体积为1立方厘米的小方块，尽可能多地组成表面积各不相同的长方体，并求出其表面积。学生可以以小组为单位展开讨论。(教师在每个小组的课桌上都摆放了36个体积为1立方厘米的小方块。)此情境的设计要点有三个。第一，采用师生竞赛的形式。教师个人为一组，全班学生为一组，计分方法为：学生的解答能够在教师的答案库中找到相对应的答案，师生双方各得一分；学生的解答在教师的答案库中没有，学生得一分，反之教师得一分。第二，教师的答案库中的答案数量比所有正确答案的数量少若干个，学生有超过教师取得胜利的机会。第三，教师提供学生之间互相学习的机会，给予学生足够的动手操作的时间，从而帮助学生获得成功，提高能力。其中很重要的一点就是教师的答案库中的答案数量比所有正确答案数量少很多，这样就为激励评价学生创造了条件，通过满足学生的好胜心、表现欲，更大程度地激发了学生的思维潜能，使学生提高了学习效益。

（戚敏玲）

总之，教师在教学中运用若水教育评价，有利于师生情感间的交流，有利于学生学习动机的不断激发，有利于搭建学生思维放飞的舞台。当然，由于学生的学习情况是多方面的，非智力因素对每个人的影响也不尽相同，因此教师只有结合多种评价方法、评价手段，才能更好地评价学生，激励学生，使若水教育评价成为推动学生不断前进的有效动力。

很多人可能会认为，数学教师的思维方式和行为习惯往往被打上其学科的烙印，更有条不紊，但却不够变通灵活。在流溪小学，数学教师也很注意自己的人文素养的养成，他们的所思所想、言行举止，完全可以打破公众心目中的这种刻板印象。

万物离不开“阳光、空气和水”。学生的潜能、创造性、积极健康的人生态度就是生长发展的“阳光、空气和水”，有利于形成活跃、和谐、民主、平等、欢乐的生本教育课堂氛围。生本教育既是一种教育理念，也是一种教学模式。流溪小学的朱桂霞老师就是一位以学生的生命为本、关注学生的终身发展、全面贯彻生本教育课堂理念的数学教师。她在生本教育课堂上充分发挥学生的主体作用，采用自主探究、合作交流的学习方式，让学生积极参与到学习中。在她的大力倡导下，流溪小学的生本之花竞相绽放，生本之实灿若云霞。

生本教育课堂的精彩

教师在每一节课前设计好“课前小研究”，将材料印发给每一位学生，要求学生课前梳理相关基础知识，并独立完成课前小研究。例如，在教学分数的意义时，教师设计了这样的“课前小研究”：第一，你能举例说明 1/4 的含义吗？第二，在生活中，你还见过哪些分数？请你说说它们的含义。上课之前，教师先充分浏览学生初步完成的课前小研究，了解学情并及时返还给学生，供学生上课使用。在教学分数的意义时，教师把讲台让给学生，由学生自由上讲台分享交流第一个问题：你能举例说明 1/4 的含义吗？教师让学生把课前完成的课前小研究在实物投影仪上分享交流，有的只用文字说明，有的用图文结合说明，有的还用实物举例说明。学生总结出平均分的是什么物品不重要，平均分的是一个物品还是多个物品组成的群体也不重要，重要的是平均分了几份，学生需要表示的是几份。在认识单位“1”时，教师又让学生上台交流第二个问题：在生活中，你还见过哪些分数？请你说说它们的含义。在讨论交流中，如果学生乙认为学生甲在投影仪上归纳的知识不完全或解题的结果不正确，可以径直走上讲台展示自己的归纳或结果；如果学生丁认为学生丙的阐述欠妥，也可以陈述自己的见解。学生只要有不同的想法，都可以自由上台发表，在唇枪舌剑中去伪存真。一旦学生有精彩的方法，别的同学往往会报以热烈的掌声。大家的掌声是有效的鼓励，学生的成就感会得到极大的满足，学习的兴趣会更浓厚。教学过程成为源源不断激励学生发挥自己最大潜能的过程。这样的机会对于全班学生是平等的。学生在激烈的交流中集思广益。遇到问题，教师也不急于抛出巧思妙法，而是创设情境，引导学生化难为易，化繁为简，自主走出困境。在学生的讲述过程中，教师只是适时介入，指点迷津，发挥引而不发的作用，让学生在解决疑难问题的实践中学会思考。学生通过讨论交流发现分的是什么、是多少都没关系，重要的是一个物体、一个计量单位、一个整体，我们可以用自然数“1”来表示，通常把它叫作单位“1”。一个物体、一些物体等都可以被看作一个整体，把这个整体平均分成若干份，这样的一份或几份可以用分数表示。学生在几十分钟的学习探索中，能对分数有如此深刻的认识，真是教师苦口婆心的“教”，赶不上学生发自内心的“学”！这就是生本教育课堂的精彩！

（朱桂霞）

每一朵娇艳欲滴的花的成长，都是对教师用心良苦的日日浇灌、培植的最好回馈。生命的力量如此灿烂，它不能忍受压抑和捆缚，它需要得到最大程度的释放，无情的漠视会让生命的光芒暗淡。只有充分地尊重它，信任它，鼓舞它，赞赏它，这生命才会熠熠夺目，卓尔不群。生本理念就是教育对于生命最好的诠释方式，值得教育界广泛提倡。

(三)让英语如水灵动

灵活是水的特性之一，也是水的品质之一。水不拘束，不呆板，不僵化，不偏执，有时细腻，有时粗犷，有时妩媚，有时奔放。它因时而变，夜结露珠，晨飘雾霭，晴蒸祥瑞，阴披霓裳。它夏为雨，冬为雪，化而生气，凝而成冰。它因势而变，舒缓为溪，低吟浅唱；陡峭为瀑，虎啸龙吟；深而为潭，韬光养晦；浩瀚为海，高歌猛进。它因器而变，遇圆则圆，逢方则方，直如刻线，曲可盘龙，故曰“水无常形”。水因机而动，因动而活，因活而进，故有无限生机。

小学英语课堂教学与水品一样都具有很强的灵活性，教师要根据具体的教学情况对课堂教学内容的调整、环节的增删以及学生参与活动的方式做出及时的变化。由于具体的课堂教学呈现了动态的特征，每一个教学环节的安排、师生的互动、学生之间的交流与合作这些偶然事件的触发都可能打破预定的教学计划，这就要求教学计划要具备一定的灵动性。课堂教学的灵动性还体现在教学方法的灵活使用上，俗话说得好：教学有法，但法无定法。李少英老师对于水的理解就展现在了她的英语课堂上。谈到自己的英语课堂教学，她有如下的叙述。

灵动的课堂

第一，灵动的课堂是以学生为中心的课堂。为了构建灵动的英语课堂，教师要转变课堂教学观念，确立和增强学生是主体而教师是主导的观念。在课堂上，学生主动参与课堂活动的时间多了，学生的参与面就会有所增加。在教学过程中，学生和教师都是认识过程的主体，必须统一在教与学的两种活动方式之中，同时面临的一个共同对象就是“英语”。教师在课堂上应发挥其主导作用，要把学生当作中心，引导学生发挥主体作用，并采取多种形式调动学生积极参与课堂活动，从而改善师生关系。教师要关注学生的情感状态，为学生营造宽松、民主、和谐的学习氛围。只有这样，学生才能成为有自觉能动性的人，教师才能发现学生的潜在能力和主动精神，为学生的心理和智力发展创造良性空间。基于此，我们的课堂应营造更多的民主气氛，创设一个民主、宽松、开放的活动空间，从而激发学生创新的热情和能力，提高教学成绩，使学生在学科上获得进步或发展。

第二，灵动的课堂应该是学生实践与创新相结合的课堂。灵动的课堂是实践的课堂。无论是语音、词汇、语法、语篇等基础知识的讲解，还是听、说、读、写、译等基本技能的培养，乃至最终综合英语能力的形成，都离不开课堂教学活动的实践。教师在新课程中设计了任务型教学的活动，每个单元以话题为核心，以结构和功能项目为主线，组织和安排了听、说、读、写的活动。在英语教学实践中，在设计不同层次和多种形式的活动时，教师特别注意以学生的生活经验和兴趣为出发点，尽可能地提供真实的情境，让学生综合应用所学语言完成一些任务，促使他们获取、处理和使用信息，用英语与人交流，在交际实践中解决实际问题，完成某个项目。

在新课程标准的要求下，教师要培养学生的创新素养，使他们创造性地学习，这在很大程度上取决于教师创造性的教。教师的创造力是从实践中来的。新课程教材提供了大量的活动，帮助教师采用启发式教学方法，激活学生的思维，调动他们已有的知识和经验，改被动接受为主动参与。许多综合性练习、任务型活动和项目，需要学生观察、发现、探索、研究、动手实践、集体合作、课内外结合才能完成。这些活动给学生独立思考、大胆想象、发挥创造性提供了较多的空间。

第三，灵动的课堂应该是重视对学生学习过程的形成性评价的课堂。在教学过程中，教师要重视对学生学习过程的形成性评价，以体现学生在评价中的主体地位。新教材设有 assessing(自我评价)栏目，鼓励学生在学习过程中不断反思、肯定进步与成绩，找出问题，明确努力的方向。同时，教师获取教学的反馈信息，以便不断改进自己的教学。要打破传统的单一分数制，采用多元的、多样化的评价机制。改革评价体系，确立具体评价体系，实施形成性评价，注重学生在评价过程中的主体地位，引导学生进行自我评价和合作评价。评价项目包括口语、课堂学习及策略运用、书面作业、平常小测、组际竞赛(合作学习)各方面，采用自评、组评、家长、教师评价相结合的方式，这体现了评价主体的多元化和评价形式的多样化。教师可以在形成性评价中有力地起到对英语学习全过程的监控作用，达到激励学生的目的，使学生在英语学习过程中不断体验到自己的进步和成功，从而培养和激发起学习英语的积极性和自信心，提高综合运用语言的能力。

第四，灵动的课堂应该是师生互动、加强情感交流的课堂。面对新教材，教师要转变角色，确认自己新的教学身份。新课程要求教师由传统的知识传授者转变为学生学习实践活动的组织者和引导者。作为学生学习的组织者，教师有一个非常重要的任务就是为学生提供合作交流的空间与时间。在教学中，个别学习、同桌交流、小组合作、组际交流、全班交流等都是新课程中经常采用的课堂教学组织形式。这些组织形式为学生创设了合作交流的时间，同时教师还必须给学生的自主学习提供充足的时间。教师与学生之间，既有认知的交流，也可以通过表情、动作来实现情感的交流。教师应从"师道尊严"的架子中走出来，通过观察、倾听和参与，调控教学，照顾差异，成为学生学习的帮助者，发现学生思维的火花，并加以鼓励，增强学生的自信心。

（李少英）

水无常形，因时而变，因地而动，顺势而为，随物赋形。水是如此灵活多变，它在向人昭示一种智慧，一种入世的智慧。课堂就需要这种智慧，在这种灵动的品质的引导下，课堂的生动性展现出来，教师的激情被调动起来，学生的兴趣也被激发出来。

(四)让信息技术如水般自然

学生对信息技术课堂的兴趣是很浓厚的，让学生把这种浓厚的兴趣转化为学习的兴趣就是成功的关键。流溪小学的信息技术教师李建生深入领会学校的"水文化"理念和"博善"教育追求，以"七善"之说组织起如水般自然的信息技术课堂教学。

"七善之说"

一善——"居善地"：创设良好的学习氛围，让学生爱学、乐学

在平时的课堂教学中，教师注意让学生在愉悦的氛围中学习，创设情境，让学生更快地融入学习。例如，在教"画图"软件的第一课时，教师提前准备好PPT课件，在课件中列举了大量的优秀作品，而且都是同龄人画的作品，再配以轻快的音乐，让学生更有亲切感，知道自己通过努力是可以达到这样的要求的，从而更加努力地学习。

二善——"心善渊"：保持强烈的求知欲，努力向更高的目标迈进

学生的个体差异是很明显的，特别在我们城乡结合的小学中。根据调查，家里有电脑的而且能让学生用来学习的家庭约占一半，能否在家

用电脑学习也直接造成了学生信息技术素养的高低。在课堂中，教师特别重视学生的这种差异性，通过分层教学，有效地解决了这一难题。例如，在每节课教师都会设置常规任务和提高任务：常规任务的设置有低、中、高三个层次；提高任务设置二层，分别面向低、中层次的学生和高层次的学生，让他们都能向更高层次学习。通过不断的尝试和改进，学生很好地适应了这种学习模式，更爱学习了。

三善——“与善仁”：互助互爱，小组合作

好的教学理念必须要与合适的方法相结合才能取得成功。在课堂教学中，教师合理运用小组合作的方式，让学生学得轻松、自在。例如，在学习“图像的拉伸与扭曲”这个知识点的时候，教师发现学生对拉伸和扭曲两个概念的理解有点模糊。这时候教师就充分发挥小组合作的威力，让4人小组通过充分讨论、参阅课本以及课后请教家长等方法，独自归纳出自己的一套方法，在课堂上跟全班同学介绍交流。通过小组合作，学生对这一知识点的理解更透彻了，很好地突破了难点。

四善——“言善信”：会发言，爱提问，乐评价

课堂评价是促进学生发展的重要途径。信息技术课堂特别重视技能的学习，但有效的评价能够更好地提高信息技术素养。在平时的课堂教学中，教师会充分挖掘一切机会让学生评价，通过点拨让学生会评、爱评、乐评。评价能更好地促进学生各方面的发展，使学生最终形成良好的信息技术素养。例如，在学习“美化海洋家园”一课中，当学生把海底世界的作品完成交上来后，教师会引导学生从以下几方面进行评价：第一，作品有哪些地方是最值得你学习的？第二，它运用了哪些方法？第三，对于这些方法，你还有不懂的地方吗？第四，有哪些方面还有进步的空间？通过这些有针对性的引导，学生发现评价作品不再是一件难事，是有规律可循的。最终评价会促进学生的发展。

五善——“政善治”：课堂语言精简而不烦琐，学生领悟知识简单直接

在传统的课堂教学中，教师讲得多，学生练得少，说得更少，课堂

成了“一言堂”。要改变这种落后的教学模式关键在教师，教师是新课程教学的引导者。一节课上得怎么样，除了看教学目标的落实情况外，还得看教师的引导，这里面很重要的一部分就是教师的语言。精练、简洁、有效的教师语言对教学目标的落实能起到事半功倍的作用。例如，在引入环节，教师会根据学生的年龄特点进行设计，针对低、中、高不同年龄段学生的心理特点进行设计。在任务驱动环节，教师会说：“让我们一起挑战自我，勇攀高峰。”在综合练习的时候，教师会说：“现在是我们大显身手的时候了。”在总结的时候，教师会说：“你给老师的这节课打多少分，为什么？”无论哪个环节的过渡语还是引导语，设计的目的只有一个，就是把话语权交给学生，让学生独立思考，引导他们主动学习。经过长时间的训练，学生的语言表达能力有了很大的提高。在信息技术课堂上，师生、生生之间的有效交流始终贯穿整节课，学生的学习积极性得到了提高。

六善——“事善能”：挖掘学生的闪光点，增强学生的自信心

学生的学习能力是多方面的，我们不能因为学生某方面表现出来的劣势而否定这位学生。教师就应该多挖掘学生学习中的闪光点，从正面引导学生。这样学生的学习热情就会越来越高涨，学习就有劲头，有了自信心，学习起来就容易多了。例如，在教学生学习如何使用曲线创作图画的时候，有一位学生就没有按照学习任务进行创作。在这个时候，教师首先肯定了这位学生的作品，然后让他向全班同学展示作品，并要求他说明为什么这样画，是如何想的，运用了什么方法。在刚开始的时候，这位学生很害羞，怕说错话，感到不好意思。但教师在旁边鼓励他，让全班同学都向他学习，他慢慢地就能把心里的想法说出来了，全班同学都很赞同他的想法。然后教师再引导他先完成布置的任务再创作。这个事例反映了一个道理：学生的创作欲望不会无缘无故消失，教师课堂上的引导是关键。只有增强学生学习的自信心，学生的学习才会有进步！

七善——“动善时”：动静结合，水到渠成

好动、爱玩是学生的天性。有效地利用这一天性就能促进课堂教学

目标的达成，最终提高学生的信息技术素养。在平时的课堂教学中，通过教学辅助软件的帮助，当学生完成教学任务后，教师会允许这部分学生进行自由活动，在教师的监督和软件的帮助下进行自主的、个性化的学习。这不但缓解了部分“吃不饱”的拔尖学生的“饥饿感”，还能有效地促进全班同学向他们看齐、靠拢，最终促进全班学生的发展，让课堂教学变得更加有效。

这“七善”的共同之处，就是“不争”。《道德经》有言：“水善利万物而不争。”水因此被认为是柔软和具有包容性的事物。信息技术课有各种不同的竞赛，流溪小学的教师并不把时间和精力花在争一时之得失的这些竞赛活动中，而是把精力都放在40分钟的课堂教学中，向40分钟要质量。把基础打好了，学生的信息技术素养提高了，最终就能做到“不争是争”！

（李健生）

“寓教于乐”是贺拉斯的智慧，更是教育的智慧。在多元的课程设置中，学生快乐地学习；在多元的校园氛围中，教师出其不意；在多元的知识构成中，师生幸福地互动；在多元的思维方式中，“博善”的光芒在时间里沉淀，沉淀出教育的精华，感染着后来人。

在教师的共同努力下，流溪小学师生的生机和活力愈渐被激发，流溪课堂的魅力愈渐强大起来。不同学科教师在各自努力的基础上通力合作，将生动活泼的课堂与“水文化”、“博善”教育理念合二为一。水的灵动，水的多样，水的深厚，都被渗透到了每一学科的教学过程中，所有水的品质都与学科的教学联系起来。学校的办学理念彻底扎根在了每一门课程的教学过程之中，水的品质被发挥到了极致，同时人的品质也得到了充分的体现。

就这样，“博善”教育的宗旨在课堂的模式转变中得到了彰显。对于在这里茁壮成长、从这里走向四面八方的流溪学子来说，流溪小学是他们人生的起点，“博善”是他们生命的底色，他们会飞得很高，走得更远。

第四章
流溪潺湲　乃成其远
——“博善”之教育硕果

流溪长流，经年不息，一代又一代的流溪人辛勤耕耘，继往开来。春天播撒希望的种子，夏天浇灌幸福的泉水，金秋收获飘香的硕果。

100 多年种桃树李，100 多年春耕秋耘，流溪小学付出的是无悔岁月、光辉年华，赢得的是一路繁花、累累硕果。自建校以来，流溪小学已经培养了成千上万名毕业生。他们，从流溪走出，从从化走出，走向一个崭新的世界，走向一个开阔的领域，走向波澜壮阔的新天地；而今，他们遍布在五湖四海、各行各业。他们在各条战线上积极创业，无私奉献。他们，无愧于学校的辛勤培育；他们，永远是学校的光荣与骄傲！

莘莘学子风华正茂，同学少年青春飞扬。昨日，他们以母校为荣；今天，母校以他们为荣。

第一节　余韵：博善之音——学校的办学业绩

流溪小学源清流洁，有着一意向前的历史、与时俱进的今天；流溪小学积厚流光，有着深厚的底蕴和清洁的精神；流溪小学浮翠流丹，有着美好的面貌和办学的业绩。同样，流溪小学余韵流风，在广州市基础教育的行列中，在“办好人民满意的教育”的征程中，流溪人不断走向开阔的境界、光明的未来。

流溪润泽万物，滋养莘莘学子。在这里走出去的毕业生中，很多人成为国家栋梁、兴业之士、各行各业的优秀人才。为了民族振兴、国家富强，他们以流溪渗透给他们的“水文化”特质和“博善”底蕴投身到社会主义的建设中去，做出了自己应有的贡献。

同时，他们中的每一个人都会对自己的母校心怀感激之情，因为母校是梦想最初起航的地方，为他们的理想插上了自由飞翔的翅膀；这里是人生之旅的起点，为他们的漫漫人生积蓄了充沛的能量。

一、少年当立大志

李卫东先生的名片上有一系列闪光的头衔；李卫东先生的履历中有一连串坚实的足迹；但李卫东先生的心目中却有一个挥之不去的地方、一个魂梦长系的名字——流溪小学。1972 年 4 月生于广州从化温泉镇、毕业于中山大学管理学院的他，现任广州市海珠区政协委员、广东省陶瓷协会副会长、广州市海珠区工商联直属分会副会长、广州市海珠区文学艺术界联合会副主席、中国用户体验联盟华南分会副主席。

只要回忆起在流溪小学的日日夜夜，李卫东先生就一改事业进取时的坚忍和顽强，变得柔肠似水，满怀深情。

李卫东先生关于流溪小学的回忆

翻开泛黄且已经褪色的小学毕业照，我的思绪一下就回到了 34 年前的流溪小学，好像在校园里看到了何美珍、温云长、朱洪璋等老师，看到了黄作深、黄广生、钟素红等同学。小学的生活真美好，真难忘……

我是1982年4月从温泉镇云星小学转学到流溪小学四年级(3)班的。当时何美珍老师做班主任兼语文老师(何老师在我们毕业3年后就任校长，当校长直到退休)，温云长老师教数学，朱洪璋老师教英语。

当年，我从一个农村村办的小学转学到这个县城美丽的重点小学，那种高兴是无法用三言两语能形容的！但是这种兴奋、幸福感一下子就被四年级第二学期的中段考试成绩冲洗得无影无踪了。中、英、数三科总成绩排到全班的倒数第三名(还好，没排到倒数第一名)，英语只得了7分！

原来流溪小学的同学从四年级的第一个学期就开始学英语了，而我在云星小学还从来没有接触过英语课。拿到排名表的那一刻我简直快要崩溃了，要知道我在云星小学里从入学到转学前都是保持在全班排名第一的。这个倒数第三名啊，跟我绝对的不匹配！

我要去补课！但那时候校外辅导机构都还没有出现！想了两天之后，我鼓起勇气找到教英语的朱老师，请求他能在晚上帮我补习英语，没想到老师一开口就答应了！

当时，我住在洪山围的姑妈家里，由于姑妈、姑父长期在外打工，我大部分时间都自己煮饭，洗衣服，做好其他家务和照顾年幼的表弟。为了补课学习，我下午放学后就跑步回姑妈家做晚餐，晚饭后又走3000米昏暗的小路到朱老师的办公室补英语课。从洪山围到流溪小学，那时只有一条烂泥路可走，没有路灯，只是偶尔有一两户人家的家门口挂了大灯，可以照亮一小段路。而且还要经过门口岗村口那一棵村民经常烧香拜神的5个人都抱不过来的大榕树，树头没在黑暗中，只有一闪一闪的香火，很吓人的！

一个10岁的小孩，从星期一到星期五的每个晚上，克服心中的恐惧，坚持走过这样一条又黑暗又漫长的路，只为了提高英语成绩，只为了和老师的一个约定，只为了心中的理想；我的老师，每天晚上都在那里等待，等待一个有梦想的孩子。朱老师就这样一直免费给我补习，流溪小学的老师真好！

流溪小学是重点小学，人才济济，高手云集，以我的基础，要赶超他们起码要比他们付出多两倍的努力！但我硬是凭着这种永不言败的精神和坚持不懈的努力，在五年级毕业升中考(那一年小学是没有六年级的)时考了全县的第10名，上了从化中学，一直读到高中毕业；也是凭着这种精神和努力，我在商海中乘风破浪，走向辉煌的明天。

再一次回想起我的流溪小学，回想起在流溪小学的那段时光，虽然只有短短的3个学期，却给我留下了一生回味不尽的美好。最后，我不禁要怀着一颗感恩的心，衷心地感谢朱老师、何老师、温老师和其他在校的老师们，他们不仅用宽广的心胸接纳我这个带着乡下口音的小孩前来求学，而且以无私的精神坚持免费给我补课。感谢流溪小学给我不断的鼓励和支持，给我茁壮成长的力量和勇气，让我走到今天。

(李卫东)

2016年12月18日，李卫东先生和他的同学们重回母校，快乐聚首。同学们都已经是各行各业有成就的中年人了，但回到小学校园，30多年前自己生活和成长的地方，度过了纯真岁月和留下美好记忆的地方，大家又仿佛回到了童年，如图4-1、图4-2、图4-3所示。

图4-1 聚首校园

图4-2 看望师长

图4-3 重返课堂

对于今天的流溪学子，李卫东先生留下了如下语重心长的深情寄语："如果说我今天有一点成绩的话，流溪小学就给我奠定了很好的基础。我很怀念那段时光，也很感谢各位爱过我、帮助过我的老师。流溪小学美丽而优秀，流溪学子们一定要好好珍惜。少年当立大志，只要有梦想，怀着一颗永不言败的自信心而不懈努力，成功一定属于你们!”

二、写在成长纪念册上

付出总有收获，努力就会成功。一路行来，流溪小学除了为社会输送了大量人才外，还在“博善”教育理念的引领下，积极探索，积极实践，积极创新，锐意进取；在水光潋滟的校园里，打造“水文化”精品课程，培养与人为善、博通古今的学生，将理念的东西落到实处，落地生根，开出鲜艳灿烂的花朵。

看，流溪小学的学子们且行且歌且收获。表 4-1 为流溪小学学生 2015 年获得奖项一览表。

表 4-1　流溪小学学生 2015 年获得奖项一览表

获奖时间	获奖者	获得称号	名次	级别	主办部门	指导教师
2015 年 9 月	邬皓宇 黄青蓝	参加第十二届广东省“和教育杯”中小学生电脑机器人竞赛，荣获小学组智能快递奖	三等奖	省级	广东省教育厅	李建生
2015 年 11 月	李嘉慧	参加 2015 年广州市小学生打字比赛获奖	一等奖	市级	广州市青少年科技教育学会	李建生
2015 年 11 月	徐宇	参加 2015 年广州市小学生打字比赛获奖	二等奖	市级	广州市青少年科技教育学会	李建生
2015 年 11 月	唐杰明	参加 2015 年广州市小学生打字比赛获奖	二等奖	市级	广州市青少年科技教育学会	李建生
2015 年 11 月	李滢	参加 2015 年广州市小学生打字比赛获奖	三等奖	市级	广州市青少年科技教育学会	李建生
2015 年 11 月	谢汶健	参加 2015 年广州市小学生打字比赛获奖	三等奖	市级	广州市青少年科技教育学会	李建生

人生就像一条河流，或长或短，或深或浅，或清或浊，或苦或乐，

人们都要走过。水流有声，人生有情，这是自然最大的馈赠，是造化最好的安排。流溪人遵循自然的规律，依照上苍的安排，以如水般灵动的生命投入如水般温润的教育生活。在流溪小学，学生在这流溪河水潺潺的水声里生活和学习，嬉戏玩耍，这是多么欢快的场景，这是多么幸福的画面！因为水的陪伴，他们更加充满力量；也因为水的滋养，他们的生命更加动人。

时光匆匆而逝，人们来不及叹息；时光悄悄滑过，人们来不及追忆。美好的日子总是转瞬即逝的，像一场青春的美梦，教人神往，教人流连忘返。生命的曼妙多姿总是引领着人不断地追逐，并且不断地流连。我们不愿离去，不愿让青春散场，不愿让叹息搅扰这个美梦，但我们并不害怕。因为那些荣誉和成绩，让我们看到了岁月流逝的足迹；因为那些傲人的胜利，让我们知道时间并没有白费；因为那些光荣的称号，让我们知道匆匆那年，其实更是花开那年。

记忆也许会慢慢变得模糊难辨，来路有时候会显得漫漶不清，但是留存下来的文字记载，会永远地铭刻在每个人的生命里。在那些奋斗的年月里，学校以拥有优秀的教师、优质的学生为荣，因为那些印刻在纸张上的数据，证明了他们昨日的荣耀。他们在流溪河水的包裹中，披荆斩棘，乘风破浪；在流溪小学的光荣史册上添枝加叶，留下最美好的标注，歌唱最美好的曲调，弹奏最动听的和弦。

平静的水面总是最容易映照出这个世界的样子，波光在水面上像金子一样闪着光芒。这流光印染的岁月都有一种别样的色彩，像生命的赞歌，支撑着每一个人的前行。岁月在这流光里书写下故事与成就，当学校把一盏盏希望之灯传递到下一个渡口时，生命的光彩便倾泻出来，这里成了群星起航的地方。而这些群星闪耀的人生里，却有着每一个在他生命中出现过的人的影子。

学生乘着梦想的舟楫，在流溪河里自由驰骋，未来还有更长的路要他们去走。然而，有流溪河水给他们加油助威，他们将无所畏惧，因为流溪河水教会他们“博通古今，善行天下”。这就是博善之音，这就是博善之行。

在流溪小学，成长的纪念册成为自豪的光荣册，每位学生都拥有自己的一册，每位教师都拥有自己的一册，学校更是拥有厚厚的一大册。教师和学生翻开自己的、学校的光荣册，看看那些令人欣喜的足迹，奋发的动力便源源不断地涌现出来。因为这些喜人的成绩，奋斗才有了激情跟方向。在流水的波光里，我们为取得的成绩呐喊，同时也对未来的发展满怀期待。

对于流溪小学师生来说，荣誉是认同，是喝彩，是鼓舞，但荣誉只是足迹，不是终点。师生鼓足干劲，坚韧不拔，向着远方，从这里出发。

第二节　流风：流溪之韵——学校的教育实践

诗人泰戈尔说过，花的事业是甜蜜的，果的事业是珍贵的，让我们做叶的事业吧，因为叶总是谦逊地垂着她的绿荫的。很多人认为，教育事业理应是叶的事业。为了花的甜蜜和果的珍贵，每一位教师都是一片绿叶，衬托花朵的甜蜜，滋养果实的繁茂。在流溪人看来，教育事业其实是水的事业，沉潜涵泳，包纳万物，深情无限，但却润物无声。

岁月流金，水润有情。在流金岁月里，人们怀着虔诚的心情对生命祈祷祝福，对学生和未来寄予美好的愿望，对学校和教育给予极大的关注。学生健康快乐地成长，一点一滴的成功和收获累积成我们通向未来的大道。博通古今，善行天下，流溪河水教会我们的，其实是一种人生的境界，一种至高之善、至美之博的境界。

一、博善是水的事业：学校的博善教育

在博善教育的学校实践不断深入、不断取得新的经验和成就的过程中，总是有人问我们，为什么是博善？

学校要走品牌发展、特色发展之路成为教育人的共识。无数学校都

在苦苦地探索，有的在学校所在地的自然景观和人文历史中寻找资源，有的在学校历史和办学业绩中发现亮点，有的贴近教育教学规律，有的表达教育教学理想，一时之间，东风花千树，万紫千红春。回顾流溪小学的博善教育之路，不能不说，是流溪河水教给我们智慧，启迪我们去发现。“博善”二字仿佛一道亮光照进流溪人的心扉，一直在学校文化发展和特色定位的问题上苦苦思考、苦苦寻找的流溪人豁然开朗，“博善”不只是校园文化，而是学校扎根乡土大地、从历史走向未来的发展路径，是流溪小学对教育价值的理解和教育改革的回答。“博善”既来自学校所在地的自然景观和人文历史，又来自学校历史和办学业绩，同时贴近了教育教学规律，表达了我们的育人目标、教育理想和教学追求。

首先，博善二字切合了教育教学的规律和学校育人的理想。教育要培养全面发展的人，这是古往今来教育人的共识。无论是知、情、勇、艺的表达，还是智、仁、勇的表述，还是德、智、体、美的要求或者真、善、美的引领，体现的都是人要全面发展的教育理念。博善以知识的广博、德性的宏大、底蕴的深厚为内涵，切合的是人才培养的目标和教育教学的追求。

其次，博善二字符合学校发展的历史走向和未来预期。追寻历史之脉，回顾所来之径，我们发现，博善二字，是在流溪小学辗转变易校名、不断追求教育理想的办学历程中积淀下来的内在的学校精神和文化传统。从晚清到民国再到新中国，从古代到近代再到现代，无论是蹒跚起步的幼年时期、起落不定的少年阶段，还是稳步发展的今天；无论是创建初期的家院式校舍，还是今天绿意葱茏、生机勃勃的浩荡校园，流溪小学始终以博善的理想和情怀、博善的精神和态度来培育人才。在100多年的悠长岁月中，流溪小学始终如一地秉承和坚守以水为师、博善育人的教育理念，一步一个脚印，从容迈步，踏实前行。

最后，立足从化乡土，品读从化文化。博善底蕴、博善风度是从化人在数千年历史实践和文化创造中酝酿已久、培育成熟的一种仪态风范，在岁月的磨砺中，它们沉淀在每一个从化人的身心之中，成为地方文化的一种气质、一种气度。而这种洁净、温润、平和的从化气质，正是流溪河水教给我们的。

博善是水的事业，教育是水的事业，所以博善是教育的事业，是教育的追求；更进一步说，博善是流溪小学的事业，是流溪小学的追求。

二、一面旗，一条路：学校的特色教育和幸福教育

博善是一面旗帜，指引流溪小学发展的道路；同时，博善也是一条路，带领流溪小学走向美好的明天。

大化流行，水养万物。在流溪小学近几年的教育实践中，因为"水文化"的浸润和博善教育的引领，学校继往开来，不断开拓创新，在人才培养和学校发展上取得了一定的成就。那么，未来是一条无尽的路，路漫漫其修远兮，吾将上下而求索，只有不断反思，不断学习，不断完善博善教育的理念和实践，才能不断培养符合未来发展需要的人才，才能把握今天，领跑未来。

(一)特色教育势在必行

如果说共性是人类生命存在的基础，那么个性是人类生命存在的方式。每个人都有自己与生俱来、与众不同的资质禀赋和个性特点。所谓个性就是一个人在思想、性格、品质、意志、情感、态度等方面不同于其他人的特质，这个特质表现于外就是他的言语方式、行为方式和情感方式等。任何人都是有个性的，也只能是一种个性化的存在，个别性、个人性是人的存在方式。

基于此，在全面推进素质教育的背景下，创建特色学校已成为一个热门话题，也几乎成为每所学校的办学目标之一，被写进了学校的办学规划。各级教育部门也提出不能千校一面，学校要根据自己的情况办出特色，使学生个性的发展得到保证。同时，办学特色也成了教育主管部门评价一所学校办学水平的重要标志。我们了解到近年来国内很多学校开展了特色发展的研究，对"学校教育""育人方法""学校文化"与"学校特色"的内涵、功能、建设学校文化与形成学校特色的方法从不同角度

都进行了详细的探讨，取得了很多成功的经验。例如，宜昌市实验小学用“首善”理念推动学校特色发展；重庆市钰鑫小学构建“博厚”教育文化；德阳市市第五中学“以‘博’文化引领发展”等。中国教育学会还专门编辑出版了“中国特色学校”丛书，介绍了首批特色学校的特色情况。由此可见，特色学校的创建可以进一步提高学校办学的品位和办学质量。就流溪小学而言，学校也将坚定地实施文化立校战略，进一步挖掘和深化博善文化，进一步擦亮“博善”教育特色，提升品牌学校的文化影响力，实现学校和师生的高品位发展。

要明确的是，学校特色发展是为了适应人的个性化存在，为了体现生态的多样性和文化的多元性。所以学校在以特色发展带动品牌建设的过程中，需要始终牢记的是为学生的个性化发展提供支持，提供平台。

(二)品牌打造迫在眉睫

流溪小学自创办以来，已历经100多年的风雨洗礼，有着独特的历史文化底蕴，同时也拥有一批知识修养深厚、技能水平高超的优秀教师。美术学科刘老师从教十几年，潜心钻研美术教学，结合学校的“水文化”，率领学科组的教师开发教材《水墨童年》，以中国传统水墨画教导学生描绘精彩的童年，取得了令人瞩目的成绩。这样学校逐步形成了美术教育特色。像刘老师那样具有一技之长的教师，学校还有很多，他们都能抓住创建特色学校这个契机，绽放出独特的风采。比如，语文学科的教师结合《水精灵漂流记》开展图书漂流活动，让学生诵读关于“水”的经典美文；数学学科的教师指导学生算出与“水”有关的数据，激发他们节约用水和环保的意识；科学学科教师组织学生到流溪河研究水质及周边的生态环境。这些教学领域的拓展不仅对学生深入理解课内知识有重要意义，而且让有一技之长的教师有了发挥的空间。这样做既能促进教师业务水平的提高，又能促进学生特长的发展，从而成为学校的特色。

要打造学校的品牌，重要的是围绕本校的核心文化踏踏实实地开展各项工作，并坚持不懈地做下去。这样文化才能得到积淀，品牌才会日益显现。例如，赫赫有名的清华大学附属中学的“1＋X”课程，教师就是结合本校实际，从学生的需要出发，把国家的宏观课程框架具体化，变成可以施工的蓝图，既极具特色，又提升了教学质量，受到同行的高度赞誉。所以说，要想打造学校品牌，就必须着眼于特色发展。结合学校的实际，在创建特色学校的过程中，秉承学校的优良传统和浓厚的文化底蕴，融入“水文化”的教育，丰富学校的育人模式，培养一批批明礼至善、博学善思的学生，从而促进学生全面、健康地发展，最终实现“扎根流溪，广州品牌，全国知名”的发展战略目标。

(三)幸福教育众望所归

教育是让师生享受幸福的事业，学校是让师生收获幸福的场所。人类先天便具有道德和灵性的种子，在“水文化”透彻博大的洗礼下，流溪人深入理解幸福教育的真谛，探寻幸福教育的路径，进行幸福教育的实践。如果说流溪小学“博通古今，善行天下”的博善教育取得了一些成就的话，很大程度上与学校以幸福教育为依托开展博善教育有关。

“明事物之万化，亦与之万化”。作为流溪小学的核心和灵魂，“水”的呢喃在风中回荡着文化之音。水有七品：一曰守拙，二曰齐心，三曰坚忍，四曰博大，五曰灵活，六曰透明，七曰公平。水以它的品质潜移默化地影响着学校每一位成员的思维与行为。让师生成为如水之人，实现个性化成长，是我们一直以来不懈的追求。虽然教育工作头绪繁杂，但只要我们齐心、坚忍、灵活，就能在这繁重的工作中寻找到快乐的源泉，继而化作动力，真正实现寓教于乐，增强幸福感。

水光潋滟晴方好，山色空蒙雨亦奇。源远流长的流溪小学，在悠久的历史发展中积淀下独特文化的流溪小学，得天独厚地以“水”为先，博善相辅，并由此成就了独特的“水文化”学校特色以及由“水”衍生而来的“博善”教育理念。立德树人，德育为先，在“水文化”的滋润下，流溪小学的师生交流互动，活泼生长。教师的温润指导、学生的身体力行共同打造了流溪小学水映日月般和谐唯美的教育图景，协力培育了流溪小学水意充盈、丰厚肥美的教育沃土。

如今，流溪小学校园中的每一处空间，都充盈着呢喃的鸟语、浮动的花香，那是灵动的生命在闹春。校园中的每一个角落，都流淌着学生的欢声笑语；校园中的每一天生活，都凝聚成莘莘学子深刻的人生记忆。水耀群星，水泽中华，流光溢彩，流芳百世，在这幅图景中，善是永恒的主题；在这片沃土上，善是饱满的种子；在流溪河水的粼粼波光映照下，善是渡舟，载着教师与学生，驶向更美好的明天。

后记

HOUJI

大国学家王国维在他的《人间词话》里拈出“境界”一词，人生的所有目标便都在其中了。他进一步阐述了“读书三境界”，他说：“古今之成大事业，大学问者，罔不经过三种之境界：‘昨夜西风凋碧树。独上高楼，望尽天涯路。’此第一境界也。‘衣带渐宽终不悔，为伊消得人憔悴。’此第二境界也。‘众里寻他千百度，回头蓦见，那人正在灯火阑珊处。’此第三境界也。”

人生如此，学校发展又何尝不是如此。首先要登高望远，瞰察路径，明确目标与方向后执着地追求；其次要无怨无悔，坚定不移，废寝忘食，孜孜以求；最后必须有专注的精神，反复追寻、研究，下足功夫，自然会豁然贯通，有所发现，有所发明，就能够从必然王国进入自由王国。

如今，在广州市从化区街口镇，一所底蕴深厚、气质独特、活力充沛、锐意创新的现代化学校成为莘莘学子梦寐以求的成才摇篮。她以踏实肯干的兴教办学作风、积淀丰厚的教育教学成果，吸引着社会各界的目光，书写了一部感人的教育故事。2015 年 3 月，流溪小学入围“走进广州好教育丛书”出版计划，成为广州 1000 所中小学中的 20 所好学校之一。

感谢广州市教育局和从化区教育局对流溪小学工作上的支持、探索中的肯定；感谢“走进广州好教育丛书”项目给我们入选的机会，这也是一个在回顾和总结中不断反思过去、不断瞩望未来的过程；感谢“好学校系列”编委会王卫东教授、王惠副教授对本书编撰所给予的专业指导；

感谢老师们长期以来的艰苦努力……

感谢所有的孩子们！对于流溪小学来说，未来是我们永远的方向，是我们奋斗的目标，而孩子正是我们的未来。让孩子们在微笑中快乐无忧、身心健康地成长，养成博善底蕴，形成核心素养，走向美好人生，是流溪小学永远的目标、永远的路。

让我们一起努力，以昂扬进取的姿态，驶向教育理想的彼岸！

附录一

广州从化流溪小学赋

天地往古而今，大化周流以行，从化有山水总为一城，万象历久弥新。

日月忽其不淹，岁华变而不居，从化有两千春秋代序，万代生民勃兴。

从来毓秀钟灵，化作霞蔚云蒸，从化有流溪百里奔逐，文脉千年传承。

维我流溪小学，于此发端发扬。昔晚清积弱积贫，国祚日衰日困。天以震雷相鼓动，心亦不能为之哀。从化有志士贤人，兴学以图兴邦。清光绪卅二之年，始创立欧萧会馆。欧阳愈萧锦洲，事迹镌从化之史志，声名传后世而流芳。二三子筚路蓝缕，一干人薪火相传。以中国经史之学为基，瀹其西学知识能艺，务使存风云蹈厉之志，成救国济民之材。少年励壮举，辛亥火燎原，革彼千年帝制，兴我中华古邦。君子当自强，“五四”潮浩荡，民主科学帜张，爱国图存救亡。日寇进犯急，同仇修矛戟，固守家园厚土，捍持国脉龙根。锣鼓声声震，彩旗飒飒响，俊秀济济送朔风晦月，书声琅琅迎旭日曙光。己亥一九五九岁首，周恩来邓颖超亲临视察，由门口江之名改而流溪，务期师者德如水，学人品自高。不忘所来之径，流溪教泽绵远，载物潜厚德，敦教笃厚养。

维我流溪小学，源清流洁流长。今中华既富既强，民族复兴复光。

时以隆昌相鼓荡，心亦为之意气昂。原道传道，修业授业，存惑解惑，谨庠序之教，申孝悌之义，流溪有师长善诱维良，启迪多方，毕生以教育一词为念，办学以博善二字为经，彼其硕大之子，恍登临洙泗之堂。立足从化，放眼广州，心向世界，上下勠力同心，师生砥砺前行，地方化国际化融通领先，高品位高层次开拓实践，新教法新学法探究相长。立德树人，育博爱善良之子；教学创新，培博学善思之生，务求今日以博古通今为志，明日以善行天下为业。赞曰：流深溪静，岁月烁金。上善若水，积厚流光。泽万物而不相争，唯广博方可兴达。善为渡水之舟，博为舟之桨橹，流溪致远，孜孜以求。一意继往开来，流溪志存高远，博学笃宏愿，浮翠流朱丹。

维我流溪小学，与时俱进俱强。居闹市而无车马喧，惟闻翰墨书香；处四季而无寒暑变，常听花语鸟唱。东迎朝日，西送秋月。晨起朝霞灿烂，岁月绘丽景；暮归夕风相伴，年华谱新篇。园中有“涓涓流溪”添锦绣，墙上有“流溪香雪”写华章；铜像立眼前，箴言记心间——为中华之崛起而读书，乘风破浪永向前。博立博弘善荣，楼群巍峨；大堂梁柱外墙，古色古芳。微机室图书馆，功能齐全；实验室运动场，设施精良。师者身正学高，爱心殷切，点石能成金，代代传灯火。学子察远照迩，意气风发，雏凤发新声，心事当拿云。语云：云山苍翠，珠水漫碧，岭南万古，羊城千年。十年树木，百年树人，吾城吾校，且咏且叹。流溪潺湲，乃成其远，流长溪美，乃成其伟。铭记初心初念，流溪弘毅胜重，陶铸菁英才，任重道也长。

（广州市教育研究院　王惠）

附录二

流溪小学大事记

清光绪三十二年(1906 年)，举人欧阳愈、萧锦洲主办欧萧合馆。

1943 年，创办“门口江小学”，属县立第一小学。

1959 年，周恩来同志、邓颖超同志视察门口江小学并提议将学校改名为“流溪小学”。

1977 年，经当时从化县革命委员会文教办公室批准，学校正式改名为“流溪小学”，并规定每年 1 月 8 日为校庆日。

1994 年，流溪小学正式挂牌成为首批广东省一级学校。

2008 年，被评为“中小学教学领域进一步深化素质教育工作试点学校”。

2008 年，被评为“广州市语言文字工作评估先进集体”。

2009 年，被评为“广东省中小学校本培训示范学校”“《师资建设》教师发展学校”。

2009 年，被评为“广州市优秀家长学校”。

2009 年，被评为“全国创建和谐校园先进单位”。

2010 年，被评为“广州市校园足球网点布局学校”。

2011 年，被评为“广州市文明单位”。

2011 年，被评为“广州市学校民主管理工作星级单位”。

2011 年，被评为“第二届全国百佳语文教师暨语文教改示范校”。

2012 年，被评为“第八届《现代中小学生报》百所读报用报标兵学校”。

2012 年，被评为“广州市语言文字工作先进集体”。

2013 年，被评为“全国科技体育传统校”。

2013 年，被评为“第九届《现代中小学生报》百所读报用报标兵学校”。

2014 年，被评为“广州市‘书香校园’”。

2014 年，被评为“广东省棋类特色学校”。

2014 年，被评为“广州市义务教育阶段特色学校”。

2015 年，被评为“全国校园足球特色学校”。